名师名校名校长

凝聚名师共识
回应名师关怀
打造名师品牌
培育名师群体

"随文写作"理论与课堂教学实践探究

戴 蓉 编著

西安出版社

图书在版编目（CIP）数据

"随文写作"理论与课堂教学实践探究 / 戴蓉编著
. — 西安：西安出版社，2022.12
ISBN 978-7-5541-6598-0

Ⅰ.①随… Ⅱ.①戴… Ⅲ.①作文课—课堂教学—教学研究—初中 Ⅳ.①G633.342

中国版本图书馆CIP数据核字（2022）第246132号

"随文写作"理论与课堂教学实践探究

SUIWEN XIEZUO LILUN YU KETANG JIAOXUE SHIJIAN TANJIU

出版发行：西安出版社
社　　址：西安市曲江新区雁南五路 1868 号影视演艺大厦 11 层
电　　话：（029）85264440
邮政编码：710061
印　　刷：北京政采印刷服务有限公司
开　　本：787mm×1092mm　1 / 16
印　　张：15.5
字　　数：279千字
版　　次：2022 年 12 月第 1 版
印　　次：2023 年 6 月第 1 次
书　　号：ISBN 978-7-5541-6598-0
定　　价：58.00 元

△本书如有缺页、误装等印刷质量问题，请与当地销售商联系调换。

目录

第三章

"随文写作"实施策略

"随文写作"

研究背景

第一节　国内读写理论

在语文教学中，阅读和写作是不可或缺的两部分，读、写的功能和关系是语文教学实践中的一个最基本的问题，自白话文以来，语文教育就这一问题的争论此起彼伏，无数语文大家孜孜不倦地探寻着两者之间的关系，想以此寻求对语文教学的帮助，至于阅读和写作孰轻孰重，似乎也难有定论。在我国语文教育史上，读与写观念的嬗变，经历了一个逐步完善的过程：从以读代写、读中求悟，到为写择读、读以致用，到以读带写、读写结合，再到以表现为本，以写作为文。在语文教学中，阅读与写作似乎是一对永远也分不清楚的矛盾统一体。

一、阅读本位论

如果脱离时代这一特殊的背景，单纯提出"阅读本位论"或"写作本位论"似乎有失偏颇，每一种观点的提出似乎都有其特定的意义，对那个时代也往往会有积极的影响。叶圣陶先生曾在《国文教学的两个基本观念》一文中说道："现在一说到学生国文程度，其意等于说学生写作程度。至于与写作程度同等重要的阅读程度往往是忽视了的。因此，学生阅读程度提高了或是降低了的话也是没有听人提起过。这不是没有道理的，写作程度有迹象可寻，而阅读程度比较难捉摸，有迹象可寻的被注意了，比较难捉摸的被忽视了，原是很自然的事情。然而阅读是吸收，写作是倾吐，倾吐能否合于法度，显然与吸收有密切的关系。单说写作程度如何如何是没有根的，要有根，就得追问那比较难捉摸的阅读程度。""多方面地讲求阅读方法也就是多方面地养成写作习惯。习惯渐渐养成，技术拙劣与思路不清的毛病自然渐渐减少，一直减到没有。所以说阅读与写作是一贯的，阅读得其法，阅读程度提高了，写作程度没有不提高的。"从叶圣陶先生上述的这些论述中，我们不难发现，当时社会上普遍存在重写作、轻阅读的现象，可见，叶圣陶先生提出的"阅读是写作的基础"这一观点是有其历史背景的，在当时也是有现实意义的。在白话文出现之前，中国教育一直重视写作教学，而写作的目的是参加科举，也就是说，那个时候语文教育的目的就是集平生所学，写好一篇文章，顺利通过科举考试，然后成功走上仕途，即"学而优则仕"，从此一举成名天下知，这一思想严重影响了中国的知识分子。在这一状况下，叶圣陶先生提出"阅读独立目的论"，认为阅读有其独立的目的，阅读本身就能为生活服务、为生活所用，阅读是有着稳妥的、积极的、现实的意义的。到了20世纪60年代，叶圣陶先生在《阅读是写作的基础》中又重申了上述看法："有些人把阅读和写作看作不甚相干的两回事，而且特别着重写作，总是说学生的写作能力不行，好像语文程度就只看写作程度似的。阅读的基本训练不行，写作能力是不会提高的。常常有人要求出版社出版'怎样作文'之类的书，好像有了这类书，依据这类书指导作文，写作教学就好办了。实际上写作基于阅读。老师教得好，学生读得好，才写得好。这样，老师临时指导和批改作文既可以少辛苦些，学生又可以多得到些实益。"

叶圣陶先生认为，"阅读习惯不良，一定会影响到表达，就是说，写作能力不容易提高。因此，必须好好教阅读课。""总而言之，阅读是写作的基础。"阅读教学教得好，语文教学的一切问题便迎刃而解。很显然，叶圣陶先生当时极力倡导的是不要一味重视写作而忽视阅读，没有阅读就谈不上写作，"阅读独立目的论"这一认识便为这一时期的语文教学指导思想和教材教法等确定了基调，如果不是叶圣陶先生大力倡行"阅读独立目的论"，那么我们对阅读本身的价值认识至少要推迟多年。

其实在中国与叶圣陶先生观点相似的人自古有之，孔子是其中的代表人物之一。孔子的"述而不作"，朱熹注曰"述，传旧而已。"孔子一生做了大量的整理古籍的工作，即"集群圣之大成而折衷之"，不主张进行有悖前贤经典的创作，他认为只要把西周灿烂的文化重新发扬光大就可以了，而不必标新立异。欲"传旧"，便得熟读经典，多加体悟，所以读便成为写的必要条件。《论语·季氏》中孔子教育他的儿子孔鲤时说："不学诗，无以言"，在这里"诗"特指《诗经》，意思是"不学习《诗经》，就不会说话。"也就是说，如果不阅读，也就不会言语表达，强调了阅读经典文学作品对于口头表达以及书面表达的重要作用。孔子他自己也是从小喜欢阅读，重视阅读。《史记·孔子世家》中记载，晚年的孔子喜欢读《易经》，花了很大的精力，反反复复地把《周易》全部内容读了许多遍，又附注了许多内容，竟把编联简册的皮绳翻断了多次，"韦编三绝"的成语由此而来，后来该成语用来形容读书勤奋，刻苦治学。可见，孔子通过阅读，从中华经典中汲取了大量的营养，从而丰富了自己的思想体系。

总之，以孔子为代表的儒家学者认为文章是读出来的、悟出来的，而不是写出来的、练出来的。

再后来，汉代扬雄在《答桓谭书》中说："能读千赋，则善为之矣。"意思是说读的赋多了，自然就能创作赋了。指出了创作赋的前提是进行有关"赋"的大量阅读。

还有唐代诗人杜甫，也为后世留下了"读书破万卷，下笔如有神"的千古名言。他清楚地阐明了只有书读得多了，脑子里储备的知识多了，写作的时候才会涌现人们常说的灵感，这无疑是肯定了阅读对于写作的重要作用。

到了宋代，理学家朱熹更是将阅读与写作画上了等号，"问渠那得清如许？为有源头活水来"，那么，写作的源头活水来自哪里？是阅读。只要多读圣贤之文，日积月累，自然在写文章时能文思如泉涌。自宋代以后，很多文学家或教育家强调写作能力的形成来源于大量的阅读，阅读是写作的必要条件，如宋代文学家欧阳修的"作诗须多诵古今人诗，不独诗尔，其他文字皆然"，元代程端礼的"读书如销铜，聚铜入炉，大鞴扇之，不销不止，极用费力。作文如铸器，铜既销矣，随模铸器，一冶即成。只要识模，全不费力。所谓劳于读书，逸于作文者此也"，以及清代唐彪的"文章读之极熟，则与我为化，不知是人之文，我之文也。作文时，吾意所欲言，无不随吾所欲，应笔而出，如泉之涌，滔滔不竭"等。

以上观点都有一个共同的认知：在阅读和写作两个环节中，阅读是基础，是比写作更重要的存在。

不过，清末之前的这些文学家或教育家虽然认识到了阅读对写作的重要作用，但是缺少对方法的指导，鲁迅评价教自己作文的先生："一天到晚，只是读，做，读，做；做得不好，又读，又做。他却决不说坏处在哪里，作文要怎样做。"他对于自己的写作经验如是说："文章应该怎样做，我说不出来，因为自己做的作文，是由于多看和练习，此外并无心得和方法的。"至于阅读到底应该读什么，怎么读，读的效果如何，对此没有完整的研究和论述，基本上属于"自己摸索"的自然状态。

"阅读本位论"者普遍认为，阅读和写作是一个环环相扣的链条，在这个链条中，阅读是基础，是输入，写作是表达，是输出，只有把着眼点放在"输入"上，才能为写作的"输出"打下坚实的基础，而如果忽略了"输入"这个环节，或者对"输入"环节的重视度不够，那么，写作环节也就无从谈起了。当然，不是阅读了，作文水平就一定能提高，在教学实践中，很多教师发现，有些学生可谓阅读爱好者，但作文水平并不高，究其原因，可能与阅读的方式方法有直接的关系，如果学生的大量阅读只停留在资讯式的阅读阶段，在阅读中吸收的写作营养并不多，或者说教师没有以扎实有效的阅读教学为基础进行写作训练，就想要取得写作教学的高效率，难免会陷入"巧妇难为无米之炊"的窘境。

还有人认为，如果我们的语文教学过于强调写作本位，容易导致教师和学生轻视阅读教学，造成写作教学的低效甚至无效。即便是写作教学，教师也不应该把重点放在写作方法的指导上，而应该放在对学生阅读兴趣的激发以及表达习惯的培养上，学生只有具有浓厚的阅读兴趣和良好的表达习惯，再加上由大量的阅读和丰富的生活积淀而成的较为深刻的思想，才能写出不落俗套、言之有物的好文章。

总而言之，"阅读本位论"的核心观点是：阅读是写作的基础，阅读活动是在写作活动之外的独立存在。

二、写作本位论

"写作本位论"的代表人物当属黎锦熙先生。黎锦熙与叶圣陶是同时代的语文教育大家，他于1938年在《各级学校作文教学改革案》一文中明确提出了"教学上的三原则"：一是写作重于讲读，二是改错先于求美，三是日札优于作文。黎锦熙先生对作文教学改革提出的三原则，是对现代作文教学的最大贡献。

关于"写作重于讲读"，黎锦熙先生谈道："这本来是一般人都承认的，只因各级学校的国文教员，大多数因为负担太重，时间不够，对于学生作文的批改和指导，实在太轻忽了，所以特提出来，作为第一原则。但是，注重写作，并非单单地要学生作文的次数加多，教员的批改和指导，也须把握下一个原则。"这句话阐明了"写作重于讲读"这一观点提出的时代背景。当时，各级学校的国文教员对作文批改和指导存在轻忽的现象，并明确提出写作教学要加强批改和指导，写作质量的提高不仅仅是写作次数的简单增加。

笔者认为"写作本位论"另一代表人物是福建师范大学文学院的潘新和教授，他也是当代语文教育界在一线教师中产生了广泛影响的"表现——存在本位"（也称作"写作本位"）理论的代表人物。

潘教授在《语文：表现与存在》一书中说："言语是生命的表达，言语活动是人的基本生存和存在方式，人的言语生命能，最终是指向言语表现和创造的，从具体呈现方式看是指向说和写的。这势必引起读、写观念的一个重大变革：从阅读本位转向表现本位。由于写作能力是语文能力的最高体现，所以表现本位也可以称为写作本位。由于在读、写关系中语文能力的最终指向是写作，写作活动体现的人的言语生命意识和言语素养，高于阅读活动中的体现；同时，写作行为包含了阅读行为，对于言语表现来说，阅读只是阶段性、过程性、手段性的因素，而写作则是展现性、目的性的因素。所以，言语生命动力学语文教育确立的读、写观念在教学层面上的表达是：写作高于阅读。"

这段话表现了潘教授对语文教育的三个基本认识：

（1）言语表现是语文教学的终极指向。

（2）如果不能做到指向言语表现，以表现为本位，就不能打好全面的言语基础，就不能达成言语教育的应用性目标。

（3）写作行为高于阅读行为。

潘教授明确阐明言语表现是语文教学的终极目标，只有指向言语表现，以表现为本位，才能打好全面的言语基础，才能达成言语教育的应用性目标。

潘教授在论述"表现——存在本位"（写作本位）语文教育观时，明确地将阅读看作写作的附庸：

（1）写作的功用大于阅读的功用（或者说写作包含了阅读），因为"没有人学习语文仅仅是为了一辈子当一名读者"，内化得怎么样，只有通过外化出的言语才能体现。

（2）写作活动兼容了阅读活动，因为会读未必会写，会写必然会读。

（3）写作能力的要求高于阅读能力的要求，因为"阅读活动是一种个人行为，读者大多只为自己负责；而写作一般是面向大众的，应向读者负责，文章的质量是必须苛求的，在智力的投入上，自然也要高于阅读"。

（4）阅读有益于写作，写作更能促进阅读，因为"真正高质量的阅读，有赖于写作的推动""写作必然会促使人去读更多的书"。

（5）写作本位比阅读本位更能达成教学结构和功能的和谐统一，因为"以写来统摄听、读、说的学习，比以读来统摄听、说、写的学习要顺得多"。

潘新和教授的言语生命动力学写作教学观，将言语表现欲望作为写作的根本动机，认为写作教学的最终目的是培养学生的言语个性和精神创造力，写作成为生命的一部分。学生通过写作最终达到言语上的自我实现，形成良好的言语人格和言语价值观。从言语生命动力学的角度出发，进行写作教学，为写作教学观念的发展开拓了一个新的视野和思路。在实际的课堂中，教师为学生创造一个言语表现的平台，通过师生之间的交流，使写作教学成为主体之间的言语生命的互动。

江苏省语文特级教师管建刚老师和他的作文教学革命，对当下很多语文课堂产生了广泛的影响，他认为，一味讲求"多读"，追求阅读的量，对于消遣是件好事，但对于作文未必有用。他强调，对于作文而言，好的阅读，应寻找气质上与自己相近的"书"，这样对气质相近书籍进行阅读，才是对作文有用的阅读，否则，阅读再多，对写作的帮助也甚微。他认为，有些人，如果读一辈子书，一本气质相近的书也没有找到，那他就没有找到自己的"师傅"，也终究不会"写作"。"多读"的目的是寻找，寻找那本"众里寻他千百度"的书，"多读"侧重的是"量"，而对于写作，更重要的是"质"。"量变"是否一定会引起"质变"？"阅读"量的积累，是否一定会引发"写作"质的飞跃？当一个人寻找到属于"他"的书，质变的时刻也就快要到来了，他的阅读就是真正"有选择"的阅读，是对写作有帮助的真阅读，而不是消遣式的伪阅读。

"写作本位"的读写观，把听、说、读、写等诸多语文能力视为一个整体，在诸多语文能力中，写作最具有言语上自我实现的功能，写作能力是语文能力与价值的最高体现，写作活动是这个整体中基本的也是终极的目标，它对其他能力具有统摄性和带动性。读完一篇文章，阅读教学只完成了一半，另一半是使学生学以致用，就是要让学生把从读中学到的知识用在写作中，这才能算是真正完成了阅读教学的一个完整过程。

总而言之，"写作本位论"的核心观点是：写作是高层次活动，是诸多语文能力中的最高体现，写作高于阅读。

三、读写共生论

"读写结合"并不是现代语文课程所提出的教学方法，五四运动以后，直至今日，语文教学观点中占主导地位的仍是以读促写、读写结合，这也是当今一线语文教师所普遍接受和认可的观点。

《义务教育语文课程标准（2022年版）》中明确提出："注意整合听说读写，引导学生综合运用朗读、默读、诵读、复述、评述等方法学习作品。""引导学生成长为主动的阅读者、积极的分享者和有创意的表达者。"在对第四学段（7～9年级）"表达与交流"的阐述中也有明确要求：
"能从文章中提取主要信息，进行缩写；能根据文章的基本内容和自己的合理想象，进行扩写；能变换文章的文体或表达方式等，进行改写。尝试诗歌、小小说的写作。"

人民教育出版社课程教材研究开发中心的顾振彪先生认为：写作与阅读结合，一是有助于培养学生的阅读能力，学生联系课文进行写作，就是在应用中加深对课文的理解，通过应用把课文内化为自己的知识和能力；二是提高写作能力，以课文为写作材料，省去搜集材料之劳，可以直接投入写作训练，尤其利于培养逻辑思维能力。

四川师范大学文学院李华平教授也认为：阅读与写作的共生状态是，在阅读教学中，适当兼顾写作能力的培养；在写作教学中，适当要求学生运用阅读所获（思想、素材、技巧等），促使学生进一步扩大阅读视野。

总而言之，"读写共生论"的核心观点是：阅读与写作共融共生，以读促写，以写悟读。

第二节　国外读写研究

随着读写理论的发展，国外对读写之间关系的认识经历了相互分离时期、相互影响时期和相互促进时期，不同时期的研究重点各不相同。在读写理论指导下的教学实践也经历了从读写分离到读写结合的转变。

20世纪80年代，国外读写结合教学研究进入黄金期，涌现出大量读写研究领域的学者，代表人物有希伯特（Hiebert）、恩格列特（Englert）、布伦南（Brennan）、沙纳汉（Shanahan）、古德曼（Goodman）等。

他们通过对大、中、小学生进行研究，得出较为相似的结论：阅读与写作正相关，阅读与写作结合起来教授才能有效实现教学的目的，才能实现语言知识能力与应用能力的统一。

20世纪90年代后期，查尔（Chall）提出覆盖从出生到成人阶段的阅读发展理论。一些权威学者也在这一时期阐述了写作理论，推动了写作研究的发展。

进入21世纪后，在结构映射理论的影响下，读写结合研究的重点由概念理解、问题解决向效应研究转移，围绕共享知识、迁移作用和相关性展开。国外的读写结合点主要围绕共享策略知识展开的。共享策略知识是读和写的结合点，它不仅为阅读与写作提供必要的知识，还能够充分利用学生的认知系统。可见，读和写是相融相生的。

国外对读写结合方式的研究，除了研究读写结合的形式，还研究促使读写结合发生以及提高读写结合效果的方法。其中，读写结合最成功的运用，当推最著名的"5R"笔记法，又叫作康奈尔笔记法，是用产生这种笔记法的大学校名命名的。"5R"笔记法是记与学、思考与运用相结合的一种有效学习方法，它的步骤包括记录、简化、背诵、思考和复习五步。

如果我们把"5R"学习过程看成一个完整的学习单元，就可以发现，在这个完整的学习单元中，第一步记录是信息的搜集和摘录过程，第二步简化是信息的再整理过程，第三步背诵是信息的巩固强化过程，第四步思考是整个学习过程的核心，通过写作对知识进行深思考，从而将知识内化，建构自己新的知识体系。而最后一步复习，是将短时记忆转化为长时记忆的过程，短时记忆的信息经过复习，可转入长时记忆系统。

以上的学习单元，就是典型的写作介入阅读，这里的写是为读而写，其基本属于学术"话语社区"的写作行为。

总之，大量科学实践表明，一个人的读写能力，在小学阶段基本上是同步发展的，到了中学阶段开始分化，进入高中阶段甚至走进社会后尤为明显。这一研究清晰地表明，读写结合教学，在当今是有着极其重要的现实意义的，而中外语文教学的实践也证明，读写结合在提高学生的读写水平上是一条较为有效的途径。

第三节 国内中学生读写现状

一、初中生课外阅读现状调查

初中生课外阅读现状调查问卷表

1. 你的性别？

○ 男

○ 女

2. 你所在的年级？

○ 七年级

○ 八年级

○ 九年级

3. 你学校所在的区域？

○ 城市

○ 农村

4. 你喜欢阅读吗？

○ 喜欢

○ 一般

○ 不喜欢

○ 无所谓

5. 你认为阅读会影响学习吗？

○ 一定会

○ 不会

○ 不一定

○ 根据自己的情况来看

6. 你平时根据什么来选择阅读书籍？

○ 老师和家长推荐

○ 网络排名

○ 别人看什么，自己就看什么

○ 根据自己兴趣、需要自主选择

7. 你的阅读书籍来源是什么？

○ 父母购买

○ 自己购买

○ 班级统一购买

○ 借来的

8. 家长对你课外阅读持什么态度？

○ 支持

○ 反对

○ 只允许读老师推荐的考试书籍

9. 你认为什么会影响你的阅读兴趣？

○ 功课压力太重，课外阅读时间少

○ 自身阅读基础过于薄弱

○ 家长干涉过多

○ 阅读后大量做题

10. 在课外阅读方面，你最想得到哪些方面的帮助？

○ 营造阅读氛围

○ 推荐阅读书目，进行阅读方法指导

○ 能自主购买一些自己喜欢的书籍

11. 你课外阅读的目的是什么？

○ 为了提高自己的读写水平

○ 拓宽视野，获取有用的知识，提高自己的人文素养

○ 为了消遣时间

○ 为了完成老师布置的阅读作业

12. 你每天课外阅读的时间是多久？

○ 60分钟以上

○ 30～60分钟

○ 15～30分钟

○ 15分钟以下

13. 你课外阅读主要在什么时间完成？

○ 睡前

○ 饭后

○ 课间和午休

○ 双休日和假期

14. 你一学期一般可以看多少本课外书？

○ 一本没看过

○ 5本左右

○ 10本以上

○ 20本以上

15. 阅读时要读写结合，做点读书笔记，你是如何做的？

○ 经常做、勤动笔

○ 分类做摘抄

○ 大多是为了完成老师的摘抄任务

○ 基本不写

16. 你认为课外阅读对作文是否有帮助？

○ 帮助很大

○ 有一定帮助

○ 没有什么帮助

17. 你对课外阅读还有哪些建议?

_____

_____

二、初中生写作现状调查

初中生写作现状调查问卷表

1. 你的性别?

○ 男

○ 女

2. 你所在的年级?

○ 七年级

○ 八年级

○ 九年级

3. 你学校所在的区域?

○ 城市

○ 农村

4. 你喜欢写作吗?

○ 很喜欢

○ 一般

○ 几乎不喜欢

○ 害怕写作

5. 你觉得自己目前的写作状况如何?

○ 没有任何困难

○ 有点困难

○ 有很大困难

6. 你平时写作时遇到的最大困难是什么?

○ 不感兴趣,没有写作欲望

○ 常常没有写作素材

○ 写作技巧生疏

○ 审题不准，不知如何立意

○ 不知道用什么语言表达

7.除了老师布置的作文外，你会在平时主动写日记、随笔或读书笔记吗？

○ 经常写

○ 偶尔写

○ 从来不写

8.写作时你会借鉴阅读过的文章语言、思路结构、写作技巧吗？

○ 经常借鉴

○ 偶尔借鉴

○ 几乎不借鉴

○ 想借鉴但不知道怎么借鉴

9. 你认为自己的写作能力提升得益于哪些方面？

○ 课文学习

○ 大量的课外阅读

○ 阅读作文指导类书籍

○ 平时练笔

○ 写作课

○ 其他

10. 在写作方面，你最想得到哪些方面的帮助？

○ 希望老师多提供素材积累的指导

○ 对于如何修改作文需要老师提供更加具体的指导

○ 希望和同学有更多的写作交流的机会

○ 希望可以多订点作文类杂志

○ 不需要任何帮助

11. 你觉得写作可教吗？

○ 可教

○ 不可教，靠自己悟

12. 对提高写作能力，你还有哪些建议？

_____

_____

三、中学生课外阅读现状分析

在过往研究中，对课外阅读状况的调查主要集中在城乡差异层面。例如姜爱萍提出农村受客观现实条件限制，课外阅读的实施存在诸多问题；严喜梅具体指出农村课外阅读存在"阅读环境不善、课外阅读范围狭窄、缺乏主动阅读意识"等问题；而王军针对外来务工人员子女，指出要"进一步培养积极的阅读态度，发挥书香校园建设作用，搜集整合社会资源，形成教育合力"以解决外来务工人员子女在课外阅读中存在的问题。叶宇萍的硕士论文通过比较漳州六所中学初中生的课外阅读情况，发现各校都存在"主动性和计划性不够，教师阅读指导对学生课外阅读习惯形成存在较大影响，家长基本支持学生进行课外阅读"的问题。

为验证上述结论，进一步思考如何更好地指导课外阅读，特选取一所学校进行了初中生阅读现状问卷调查。

本次问卷调查主要采用统计分析法，运用Excel、SPSS软件进行数据表达和分析。以包含17个问题的课外阅读兴趣调查问卷为主要分析依据，选取该校七年级学生作为调查对象。调查共收到239个数据，占七年级总人数的四分之一以上，且填写时长均超过三分钟，具有一定信度，可尽量保证数据的普遍性和具有一定的代表性。通过描述性统计、线性回归等方式进行研究，辅以文献分析法和访谈法，尽力保证数据的严谨性和结论的有效性。

将问卷调查结果分为学生兴趣层面、教师引导层面、家长协助层面、阅读情况层面、阅读认识层面、性别差异层面六个角度进行相关分析。

（一）基于学生兴趣层面的分析

这一部分以调查问卷中的"4.你喜欢阅读吗？"一题为依据，频数统计情况见表1-3-1，扇形统计图如图1-3-1所示。

表1-3-1

选项	频数	百分比（%）	有效百分比（%）	累积百分比（%）
喜欢	153	64.0	64.0	64.0
一般	81	33.9	33.9	97.9
不喜欢	5	2.1	2.1	100.0
总计	239	100.0	100.0	

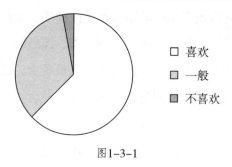

□ 喜欢

□ 一般

■ 不喜欢

图1-3-1

就调查结果来看喜欢阅读的学生占绝大部分，占比超过60%；表示"一般"的中间群体占比也比较大，仅有个别学生明确表示不喜欢阅读，占比为2.1%。可见，对初中生来说，课外阅读并不是令学生厌烦的事，恰恰相反，学生普遍认为通过阅读可以拓宽视野，阅读兴趣较高。

从表1-3-2关于"4.你喜欢阅读吗？"的分布统计可进一步发现，阅读兴趣分布并不是严格意义上的正态分布。偏度值大于0，分布偏右，峰度值小于0，分布平缓。可以看出，数据在"喜欢"上大量集中，"一般"也有相当规模，进一步佐证了学生基本不抵触阅读，表现出较高的阅读兴趣。

表1-3-2

个案数	有效	239
	缺失	0
众数		喜欢
偏度		0.922
偏度标准误差		0.157
峰度		−0.294
峰度标准误差		0.314

（二）基于教师引导层面的分析

这一层面涉及的问题包括："6.你平时根据什么来选择阅读书籍？"
"7.你的阅读书籍来源是什么？""9.你认为什么会影响你的阅读兴趣？""10.课外阅读方面，你最想得到哪些方面的帮助？""11.你课外阅读的目的是什么？""15.阅读时要读写结合，做点读书笔记，你是如何做的？"，相关结果统计见表1-3-3、表1-3-4、表1-3-5、表1-3-6、表1-3-7、表1-3-8。

表1-3-3

你平时根据什么来选择阅读书籍？			
老师和家长推荐	频数	百分比（%）	有效百分比（%）
	102	42.7	42.7

表1-3-4

你的阅读书籍来源是什么？			
班级统一购买	频数	百分比（%）	有效百分比（%）
	43	18.0	18.0

表1-3-5

你认为什么会影响你的阅读兴趣？			
功课压力太重，课外阅读时间少	频数	百分比（%）	有效百分比（%）
	129	54.0	54.0

表1-3-6

课外阅读方面，你最想得到哪些方面的帮助？			
少布置需要写的课外阅读的作业，将时间留给阅读	频数	百分比（%）	有效百分比（%）
	82	34.3	34.3

表1-3-7

你课外阅读的目的是什么？			
为了完成老师布置的阅读作业	频数	百分比（%）	有效百分比（%）
	8	3.3	3.3

表1-3-8

阅读时要读写结合，做点读书笔记，你是如何做的？			
大多是为了完成老师的摘抄任务	频数	百分比（%）	有效百分比（%）
	78	32.6	32.6

从以上统计中可以有以下几点发现：一是很多学生并不具备选取适合自己的课外书籍的能力，很大程度上需要在这方面得到老师和家长的帮助；二是班级统一购书存在一定占比，与学校具体情况比对，可以得知购书书目包括教材推荐名著书目以及写作、摘抄的参考书籍；三是完成作业时间与课外阅读时间存在明显冲突，学生普遍不能协调好作业与课外阅读之间的时间冲突，这有待教师进一步思考；四是基本上学生读书不是为了完成老师的阅读任务，但在阅读过程中做批注、摘抄大多是为了完成老师布置的摘抄任务（近三分之一），可见学生的学习习惯有待老师的进一步指导。

（三）基于家长协助层面的分析

这一层面涉及问卷中三个问题："7.你的阅读书籍来源是什么？""8.家长对你课外阅读持什么态度？""9.你认为什么会影响你的阅读兴趣？"，具体频数分布见表1-3-9、表1-3-10、表1-3-11。

表1-3-9

你的阅读书籍来源是什么？			
父母购买	频数	百分比（%）	有效百分比（%）
	148	61.9	61.9

表1-3-10

家长对你课外阅读持什么态度？				
选项	频数	百分比（%）	有效百分比（%）	累积百分比（%）
支持	225	94.1	94.1	94.1
反对	1	0.5	0.5	94.6
只允许读老师推荐的考试书籍	13	5.4	5.4	100.0
总计	239	100.0	100.0	

表1-3-11

你认为什么会影响你的阅读兴趣?			
家长过多干涉	频数	百分比（%）	有效百分比（%）
	22	9.2	9.2

由数据可知，学生的书籍，60%以上来自家长购买，且经过对数据的追踪发现，很多购买行为是家长自发的，家长会结合自身经历、教师推荐、书店推荐等，购买他们认为对学生有益的书籍供学生阅读。绝大多数家长支持学生课外阅读，在推进课外阅读过程中家长是很大的助力。有将近10%的学生认为家长过多干涉是影响阅读兴趣的主要原因，这点值得引起关注。

（四）基于阅读情况层面的分析

阅读情况在问卷中对应阅读的时间和数量，即"12.你每天课外阅读的时间是多久？""13.你课外阅读主要在什么时间完成？""14.你一学期一般可以看多少本课外书？"，调查数据整理为下方条形统计图，如图1-3-2、图1-3-3、图1-3-4所示。

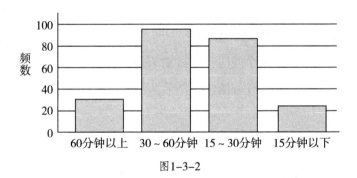

图1-3-2

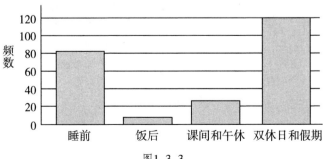

图1-3-3

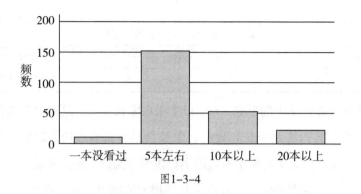

图1-3-4

从条形统计图中可以发现，学生读书数量大致集中在五本到十本这个区间，换言之，学生大致能保证每月读完1~2本课外书籍。相应地，多数学生每天会花15~60分钟在课外阅读上。这个时间结合课外阅读时段主要在睡前、周末和假期可知，在作业完成后多数学生会选择进行一定时间的阅读，一方面体现出作业完成时间与课外阅读时间这二者之间的显性矛盾，另一方面，也反映出学生普遍会拿出专门的时间而不是碎片时间进行阅读，如果教师进行科学的引导，对学生文学素养的提升帮助会很大。

（五）基于阅读认识层面的分析

这一层面主要涉及两个问题："11.你课外阅读的目的是什么？""16.你认为课外阅读对作文是否有帮助？"，数据整理为扇形统计图，如图1-3-5、图1-3-6所示。

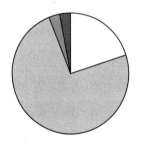

□ 为了提高自己的读写水平
▨ 拓宽视野，获取有用的知识，提高自己的人文素养
▨ 为了消遣时间
■ 为了完成老师布置的阅读作业

图1-3-5

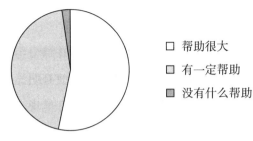

- □ 帮助很大
- □ 有一定帮助
- ■ 没有什么帮助

图1-3-6

从统计图中可以看到，大多数学生阅读的目的是拓宽视野、丰富知识，也几乎都意识到了读写之间的密切联系，认为阅读对写作至少有一定的帮助。我们惊讶地发现，哪怕是七年级的学生，也已经对阅读的价值有一个相当系统的认识了，这对进一步推进课外阅读是有利的。

（六）基于性别差异层面的分析

最后以阅读时记笔记情况为例，分析阅读过程中存在的学习习惯的性别差异，二者关系见表1-3-12。

表1-3-12

性别	阅读时要读写结合，做点读书笔记，你是如何做的？				总计
	经常做、勤动笔	分类做摘抄	大多是为了完成老师的摘抄任务	基本不写	
男	23	33	34	27	117
女	14	46	44	18	122
总计	37	79	78	45	239

但就表1-3-12来说，男女两组人数大致相当。男同学要么倾向于经常记笔记，要么倾向于基本不记笔记；女同学则更多选择分类做摘抄或完成老师的摘抄任务。可见男女的学习习惯存在一定差异性，这需要老师在推进课外阅读时，关注差异，因材施教。

四、中学生写作现状与原因分析

通过抽样调查，对问卷调查结果进行分析，并结合与学生交谈、与语文同行交流等方式，发现当前初中生阅读情况较之前有明显的改变，但学生写作能力还是存在明显不足，有些学生的读和写没有呈现正相关，究其原因，主要如下。

（一）阅读量少，缺乏阅读积累，导致写作输出困难

问卷调查结果显示，有部分学生一本书都没看过，有相当多的学生一学期阅读书籍只有5本左右；每天阅读时间在30分钟以下的学生占比较大，老师规定每天阅读时间不少于15分钟，有部分学生不能坚持；有些学生为了完成老师的课外阅读作业，不是靠读书去解决，而是在网上搜索现成的答案。这些学生每天基本处于无阅读状态，而《义务教育语文课程标准（2022年版）》中对第四学段（7～9年级）学生阅读有明确要求："广泛阅读各种类型的读物，课外阅读总量不少于260万字""每学年阅读两三部名著，探索个性化的阅读方法，分享阅读感受，开展专题探究，建构阅读整本书的经验""背诵优秀诗文80篇（段）。"

提高学生阅读能力，需要学生积累一定的阅读量，只有量上去了，阅读能力才能有一个质的提升。阅读能力是什么？就是记忆力与理解力，如同健身时，必须通过反复举重物，才能促进肌肉的生长一样，只有大量阅读，才能刺激大脑掌握阅读技能，更有效率地处理信息的输入与输出。如果阅读量不够，量变不能达成质变，阅读能力低下，一是会影响学生阅读速度，新课标明确要求，第四学段学生要养成默读习惯，有一定的速度，阅读一般的现代文，每分钟不少于500字；二是会影响学生阅读的理解力，导致有些文章读不懂。

阅读量少对写作的负面影响更是不言而喻。言不达意、语句不通、用词不当、语序混乱、思路狭窄、素材陈旧、立意不高等这些写作常见的问题，都是因为缺乏高质量的阅读。"阅读是吸收，写作是倾吐，倾吐能否合于法度，显然与吸收有密切的关系。"阅读可以为写作提供写作技巧方面的范

例，学生在大量的阅读中，可以开阔写作视野、积累写作素材、丰富语言表达。因此，只有海量阅读，大量积累，才能实现写作的知识储备，成功完成写作的输入，从而有效解决写作普遍面临的素材积累过少和语言表达困难的问题，如果再通过写作课积累相应的写作技巧，这样写作输出的过程就能更加顺畅。

（二）平时练笔太少，写作经验缺乏

巴金说："写吧，只有写，你才会写。"这句话通俗地道出了写作成功的奥秘：要勤于练笔。只有多写，才会积累丰富的写作经验，才能培养浓厚的写作兴趣，也才能养成善于观察、勤于思考的习惯。有不少同学渴望在考试中写作拿到高分，但又不愿意花太多的时间在每日的练笔上，仅仅寄希望于考试前背几篇美文，这样急功近利的做法必然达不到理想的效果。在日常教学中，很多学校安排两周一次作文课，该"作文课"不是张中行先生的"只要执笔为文，就都是在作文"的广义的"作文"，它是一种写作课型，独立存在于语文课程之中，该课型从作文教学的过程来看，按"写作前""写作中""写作后"可分为作文指导课、作文训练课和作文讲评课三类，而要上好一节高质量的写作课，往往需要两个课时，如果分散在两天中完成，往往会打乱这种连贯性，所以上一堂写作课成了一件费时、费力而往往效果并不好的事情。写作指导——写作活动——作文批改——作文讲评——作文修改，要完成这样一个完整的写作单元，需要教师花费功夫和时间，可往往效果又不能立竿见影，加上教师繁重的教学任务，如在深圳，一般一个初中语文教师需要承担两个班级的语文教学任务，如果按照一个班级50人，每一篇习作要求不少于600字计算，那么完成一次大作文的批改，就有至少六万字以上的阅读量，老师要在几天之内快速完成作文批阅并进行讲评反馈，这是一个巨大的挑战。因此，有些老师抱着少写一篇作文就少一点批改的想法，而一再压缩学生练笔的时间。还有，评语应该如何写能更好地帮助学生完成修改，也是老师普遍感觉很头疼的问题，但"文不改不精，玉不琢不美"，要想写出好文章，就得认真仔细地修改，反复不断地修改，所以，完成一篇高质量的大作文，并不是一次写作活动的结束，而只是一个写

作活动的开始。而事实上，很多老师没有真正有效地落实作文修改，很多时候只是在数量上完成了作文训练的次数，而很多学生一学期可能并没有最终完成一篇高质量的习作，至于每日练笔，也因为学生繁重的学业负担而日益弱化，甚至有些老师一学期可能连一次像样的作文指导和反馈都没有，最后导致的直接结果是：最不该敷衍的写作教学成了语文教学中最敷衍的事情。

（三）教师缺乏写作教学自信，导致写作教学中教师的不作为

现在，语文老师基本都认可海量阅读是提高写作的不二法门。因此，开始注重课外阅读的"养"，这是一个可喜的现象，但却往往疏于课内写作的"教"。在中小学，"如何教写作"几乎是所有语文老师公认的一个难题，认为写作是一块难啃的硬骨头，也是困扰很多语文教师的最大的问题，教师心中没有建立对写作教学的自信，认为写作完全靠天赋这样的思想在某种程度上也弱化了写作教学。

在很多日常写作课上，"教"作文变成了"叫"作文，作文教学只是教师发出指令，学生完成写作任务。日常写作课往往有如下两种形式：一是"老师给出作文题——进行简单的审题指导——学生动笔写作"这样一种单调的教学模式，教师给出作文题叫学生写作文，教师的作用仅仅是发出写作指令，而学生写作能力的形成和提高，往往停留在自发和经验的"习得"层次，写作技巧完全靠学生自己在暗中摸索。二是"教师教写作知识——学生动笔写作"，这样的写作课往往变成了教师讲写作知识的"讲座"，没有提供运用写作知识的机会，单靠学生课后写作的自觉运用，效果可想而知。

还有写作之后的讲评课，很多教师受传统写作讲评课的影响，使其变为优秀作文展示课和写作问题罗列课。"嘉奖式"讲评课使写作课成了少数优秀学生的主场，而忽略了大多数学生的写作困难，而"批斗式"讲评课，因为没有给出修改作文的具体方法和技巧，可能直接导致写作困难生对写作产生更深的畏惧，而不聚焦问题的写作讲评，眉毛胡子一把抓，因为没有对本次写作中班级出现的共性问题进行有针对性的写作后指导，学生一是发现不了自己在写作上的问题，二是即使知道自己写作的问题所在仍然缺乏避免出现这些问题的写作技巧，作文讲评课因为讲评的随意性，问题的不聚焦，必然导致写作教学效率的低下。

（四）写作训练注重写作陈述性知识的传授，缺乏科学的写作实践活动

有部分语文教师靠自己的写作经验，初步建立了系统的写作训练体系，如初中三年，每个阶段应该教给学生什么写作知识，却缺乏科学有效的写作教学活动设计，写作课变成了写作知识学习课。叶黎明教授在《写作教学内容新论》一书中就"规范的写作教学"有明确的定义："规范的写作教学是指教师有目的地促进学生写作以达到既定的教学目标的活动。它应该有清晰科学的训练目标，有教学互动的学习过程，有可检验的教学效果。"纵观我们的写作课堂，我们的写作任务过大过空，如空中楼阁，写作实效性大打折扣。还有些教师教给学生大量陈述性知识，而缺乏将陈述性知识变为程序性知识的写作教学活动设计，缺乏写作的过程性指导，这样的写作教学似乎还只是停留在教师讲学生听的授课状态，教师是课堂教学的主体，这样"以教为主"的作文教学，往往写作课堂无写作，导致学生主体地位的缺失，学生只是成了被动学习写作知识的机器，缺乏通过自身的写作实践与语言文字进行亲密接触的机会，写作效果必然大打折扣。

请看一节作文指导课教学设计。

例1：

怎样写好文章的开头

一、写作启示

唐伯虎祝寿

大家对于明代文人唐伯虎也许并不陌生。一次，唐伯虎应邀出席一家财主婆八十寿宴。当轮到唐伯虎致祝寿辞时，他劈头劈脑一边手指宴主，一边口吟道："这个婆娘不是人！"引得在座者个个目瞪口呆。于是，他趁势话锋一转："九天仙女下凡尘。"主客们顿时化忧为喜。不待主客们情绪安定，唐伯虎又爆出第三句："儿孙个个都是贼！"儿孙和祝寿者们无不惊讶、怒目而视。不料，诗人妙语回天："偷得蟠桃寿至亲"，顿时，众人开怀大笑、掌声轰然。从第一句开始诗人就设置悬念，吸引着人们的注意力。

直到末句，才完全解开悬念。

你是否能从中得到一些有益的启示？

二、方法指导（从写作手法的角度）

（一）开门见山法

此法又可称"直接点题法"。这种方法是起笔入题，或说明写作缘由，或提出全文主旨，或直奔故事，非常简洁。例如《打工》一文的开头：

那是一个炎热的夏季。中考落榜后，我毅然背起我小小的行囊，悄悄踏上了南下打工的艰辛旅程。故乡的云渐渐飘淡，亲友的视线渐渐拉长，我庆幸自己终于选择了一条属于自己的路。

你看，这个开头就非常简洁地导入正题，开门见山地叙述故事，很美！我想如果我们写作文开头有困难时，直入正题也许是一种最佳选择。

（二）写景抒情法

文章融入了作者的思想感情，在开头描绘自然景色和环境，或直接、或间接地抒发胸臆，这就叫作写景抒情法。请看学习习作：

暖风习习，夕阳挂在地平线上，闪射着温柔的橘红色的光，炊烟袅袅，徐徐轻舞，女孩坐在山头上，欣赏着这人间美景，女孩的眉间隐藏着渴望与无奈。

这个开头如一幅色彩绚丽的油画，明丽的画面中暗藏着一丝淡淡的忧郁，把人带到一种氛围里，使下文的叙述更加动人心弦。

（三）名言发端法

名言精炼，歌词新鲜，俗语流行，自然有一种吸引人的魅力。在文章的开头引用古今中外哲人、名家的箴言、睿语或古代诗人的佳词丽句作为全文的总领，这样的开头，常使文章有一种理直气壮的劲头，能增强文章的说服力。请看下例：

有位哲人说得好，如果你不能做一棵大树，那就做一棵小草；如果你不能成为太阳，那就做一颗星星。经过了几番起伏，我终于理解了这句话的内涵。

这则开头，引用形象而富有哲理的名言，让读者体会到睿智和深刻，使人急于知道下文的曲折经历。

（四）欲扬先抑法

欲扬先抑法，即以退为进，先抑住某一个人或事物，后确立自己的观点或主题，达到突出的目的。此法运用很广泛。在记叙文体中常常会收到意想不到的效果。例如程乃珊的《吾家有女初长成》一文，开篇说从来不在文章中写女儿，因为"她既非才华出众，也不属天生丽质，甚至连大学都没上——一句话，典型性不够。"这是"抑"。与后文的"扬"形成一种悬差，主题才更突出。

（五）修辞增色法

修辞是语言运用中不可缺少的手法，巧妙而贴切的修辞手法的运用，常能使语言增添许多风采。在作文中，若能熟练运用修辞手法扮靓语言，定能得到良好的效果。请看下例：

假如我是小鸟，我会记住那出生时的巢穴；假如我是树苗，我无法忘记那滋养我的土地；假如我是江河，那雪域高原便成为我记忆中的烙印；假如……无论我是什么，无论我以什么方式存在，我可以忘记周围的一切，甚至可以忘记自己，但有一样东西是不可遗忘的——那就是回报。（选自《诠释回报》）

这则开头运用拟人、排比的手法，表达了自己真诚的愿望，语言亮丽多彩，读之令人耳目一新，这样的开头自然会受到阅卷老师的钟爱。

看到这里，你对作文的开头技巧该有一点了解了吧。不过作文有法，但无定法，对开头来说也是如此，具体到一篇文章如何开头，我们还要综合考虑体裁、内容、风格等因素，力求开头与下文的和谐完美。只有这样，才能打造出美丽的凤头来。

三、写作训练

这里，跃动着鲜活的生命；这里，演绎着动人的故事；这里，展示着多彩的生活……请以"在这里_____"为题，写一篇文章。

要求：

（1）请把题目补充完整。

（2）不少于600字。

（3）文章开头能恰当运用写作手法。

怎样写好文章的开头，对于初一的学生来说，确实是一个需要进行专题指导的写作训练点，该教师的教学过程主要分为三部分：由故事导入——讲解开头技巧的写作知识——学生写作训练，这样的写作教学设计，就是典型的"教知识"的设计，缺乏写作任务驱动的语文活动，学生在课堂上没有写作训练，写作知识不是在运用中获取的，而是在讲授中获得的。下面是笔者对上面这节作文指导课的升格设计。

例2：

如何写好记叙文的"凤头"

活动一：换一换

请按照《温暖》一文后面的要求改写开头段。

温暖

那是新学期上课的第一天。

很有意思的是，每个老师都用了同一句开场白："初三下学期了，时间很紧张……"只不过，物理老师说普通话，英语老师说英语，而数学老师则说苏州话。

真是被他们不幸言中，放学时已经6点了。

"天真冷！""晚上又得开夜工，讨厌！""睡懒觉的好日子——拜拜喽！"与几个哥们有说有笑地来到停车场推自行车，终于可以放学回家了。

这时候，校园里的人已不多——这是校内骑车的好时机。"兄弟们，上！"不知哪位弟兄道出了大家的心声。于是，六人"嗖"地跨上了单车，几乎在同一时刻踏下脚踏板。

"呀！"我叫了出来，"我的车脱链了！"

"吱——吱——"这回刹车的声音可就不那么统一了，只有一辆车彻底地停了下来。其余的车，只是来了个急刹车，不到一秒钟，它们便在主人的驱使下各奔东西了，只留下一句话在空气中回荡——"我有事！"那整齐的声音，像训练了三年的老兵喊口号。

"讨厌的家伙！"这句本应该出自我口的话，却从另一人的口中吐出来。

"你？……"我一扭头，发现留下的是我们平素最烦的家伙。他是我们六人中最爱说话的，但我们总觉得他的话没几句真的，都喊他"大嘴巴"。不过最让我们对他不以为然的，是他的学习，没一点儿难度的东西到他那儿，全会变成天下难事。有他在，我们几个的自信会陡然增加。不过，他脾气倒不错，从没见过他生气，因此，我们常常把他当活宝，有事没事，就拿他开涮。

那些灵活的家伙们居然全部临阵脱逃，只留下这么个活宝！失望的我明知眼前没有救命稻草，但也不好意思消耗仅存的热情，于是有些尴尬地说："糟了，我不会弄呀！"

"没关系，我来！"

"你行吗？"

"没问题，这个，我最在行。"

他的确拿出最在行的架势，把链条往齿轮上套，前转后拽的，忙得不亦乐乎，但无济于事。平时他就爱吹牛，显然他今天也没说真话。我暗骂自己糊涂，死马是不能当活马医的。

"它要坏，我就让它坏。"他也有些急了，他把整条车链拉了下来。我真想把他赶开，不是自己的东西，真是不懂得心疼。这样下去，准得雪上加霜，不但今天回不了家，只怕明天还上不了学。可看看他，一脸的急汗，满是污垢的手，倒真是为了我好。我只好默默地站着，干着急。

时间越来越晚了，校园已很冷清了。我感觉满身满心的不自在，夜风有些刺骨，我在旁边靠搓手跺脚发泄着难言的情绪，可他依然不知疲倦地修理着，像是在做天底下最有意思的事。看门大爷注意到我们两个，走过来对他说："天这么冷，把车拎出去，打的吧。怎么还让你同学等着？"

我的脸忽地烧了起来，但没吱声。平时多话的他，似乎没听见，还是一门心思地奋斗着。

后来，他的欢呼声划破了静寂的校园，惊醒了我。那一声欢呼，仿佛是他获得了人生最大的胜利。

"你看，我还行吧！"他激动的声音像夜风中燃起的熊熊之火。

我感到心里一些冰冷的东西在融化。

师出示改写要求：

（1）从在教室的急切心情写起。

（2）从车篷写起。

（3）从夜幕下的校园写起。

（4）从温暖着笔。

生改写，并交流展示。

师出示改写的开头段：

1.从在教室的急切心情写起

下午五点五十九分，时间已快完成它到达六点的任务。我的心早已飞出了教室，飞回到了那有浓浓温情的家中，我似乎已闻到烤鸭的香味……

2.从车篷写起

偌大的车篷里，只有我们几个人的"战马"孤独地站在那儿，默默诉说着对主人的不满，我们飞速推出自行车，跨上"战马"，呼啸般驶出车篷大门。

3.从夜幕下的校园写起

校园里的路灯正发出一种橘红色的光芒，此时我的心也被染成了一片温暖的红色，结束一天学习后的心情真爽，我不由得加快了骑车的速度。

4.从温暖着笔

温暖是什么？温暖是无助时的一个眼神，是寒冷夜幕下的一盏明灯。

活动二：理一理

你发现精彩的凤头有哪些路径可循？请将你的发现板书在黑板上。

明确开门见山法、写景抒情法、名言发端法、欲扬先抑法、修辞增色法……

活动三：练一练

请尝试运用上述至少一种技巧改写《播种》的开头段。

播种

那天，我放学回家，放下书包，觉得有些累，便懒懒地躺在椅子上。

"起来，播种去。"父亲的话又冷又硬，令人生畏，"拿上种子。"

"要是不用种地就好了。"我懒惰地一边站起来一边想。

父亲提着两只水桶，冷不丁地问："这次调考多少分？"八年来，我不知听过父亲多少遍这样的询问。

"462。"我的语气似乎是平静的。

"全校第一名多少分？"

"462。"

"有几科第一？"

"全是。"我偷偷瞟了父亲一眼，想从他那儿得到赞赏。父亲却瞥了我一眼……

"你知道这次考试全区第一名多少分吗？这么多的尖子生你晓得吗？"劈头盖脸的问话像冰峰雪岭上流下的水，将我浸没在里面。

父亲这一瞥，使我的两滴滚烫的泪珠滑过脸颊。有人说，男子汉流血不流泪，可我还算不上男子汉，我才14岁啊！

父亲提着两桶水，健步走上堰堤，道旁并列着两棵树：老树枝干苍劲，但叶片很少，小树正当壮年时，枝叶葳蕤，我不禁想到：小树该是老树撒下的种子吧！

往前望去，我惊呆了，父亲已放下水桶，喘着气。

小时候，父亲在我心中是一座山，一座巍峨的山，一座难摧的山，但山也有塌的时候……

我疾步上前，说："我来吧！"我诧异了，并不是父亲未理会我，而是我发现父亲竟比我矮！

我又赶紧上前，父亲瞪了我一眼，这饱含爱意的一瞪，刹那间，使我懂得了：我是父亲播种的种子，他想让我尽快发芽。

父亲放下水桶，说："播种吧！"

你的开头改写成果展示：＿＿＿＿＿＿＿＿＿＿＿＿＿＿＿

＿＿＿＿＿＿＿＿＿＿＿＿＿＿＿＿＿＿＿＿＿＿＿＿＿＿＿＿＿

＿＿＿＿＿＿＿＿＿＿＿＿＿＿＿＿＿＿＿＿＿＿＿＿＿＿＿＿＿

＿＿＿＿＿＿＿＿＿＿＿＿＿＿＿＿＿＿＿＿＿＿＿＿＿＿＿＿＿

课后作业：

请运用今天学习的记叙文开头段的技巧修改自己的作文。

写作教学不是不教知识，而是要解决"怎样教知识"和"教知识干什么"的问题，知识的教育应该是过程，而不是结果，应将单一的接受式、讲授式教学转变为体验、感受和探究相结合，如上面关于"如何写好凤头"的写作知识，一定是在写作过程中体验和内化的。

而在实际的教学中，阅读与写作似乎成了两个互不相干的阵营，各自为政，严重脱节。很多教师组织的阅读活动，目的就是为了阅读，写作活动目的就是为了写作，很少能站在更高的格局看待阅读和写作的关系，有效打通阅读和写作之间的通道。

统编版初中语文教材与原人教版教材相比，"三位一体"的阅读编写体例，更加注重课外阅读的教学，名著阅读有了新面貌，不仅推荐阅读的名著篇目有了调整，而且其编写的体例也发生了很大变化：一是位置提前了。在原人教版教材中，名著导读附在全书后面，虽没有冠之以"附录"之名，但许多教师实际上并不把它当成正式的教学内容。在统编版教材中，名著导读穿插在第三、第六单元之后，不再是可有可无的附录，而是成为教材中正式的教学内容。二是增设了"读书方法指导"。每一次名著导读，都设计"读书方法指导"版块，根据作品体裁等方面的特点和初中学生的学习需要，有针对性地介绍一两种读书方法，引导学生在读书过程中有意识地运用、掌握读书方法，以提升学生的读书能力。三是增设了"专题探究"。针对每一本名著的具体内容，设计了3～4个探究的专题，作为可供选择的读书任务，以此驱动学生的个体阅读和群体共读活动。四是增加了推荐阅读量。每一次名著导读，除了重点推荐的一部名著以外，还以"自主阅读推荐"的形式另外推荐两部名著，全套教材推荐阅读的名著数量因此大幅增加。

"名著导读"的这些变化，深层次反映的是教材编者高屋建瓴的指导思想："语文教学应该把阅读放在首位""阅读教学除了学习知识，提高能力，还有更重要的，是培养高尚的读书习惯，把阅读作为一种基本的生活方式"。将阅读活动纳入正式的语文课程之中，使读书活动成为语文课程中的重要的组成部分，统编版新教材正是体现了这样的指导思想。

但是，我们还应该思考，整本书阅读，其目的究竟应该是什么？名著阅读是不是只是作为一个独立的存在？它应该如何与写作建立关联？

要回答以上几个问题，恐怕还是要从阅读与写作的目的说起。在语文课堂里，阅读本身不是目的，而是提升语文素养的手段；写作的目的也不仅仅是语言文字的运用，还需要进行思维的训练。写作的过程，其实是一个思维训练的过程。阅读与写作的关系犹如箭和弓的关系：写作是支箭，阅读是把弓。要把箭射出去得有弓，要把箭射到很远很远的地方去，这把弓得很强劲。因此，通过随文写作的方式，可以积累知识、训练思维、提升素养。

综上所述，依靠专门的作文课来提高学生的写作水平、培养学生的写作能力，并不是唯一的途径，也不是最高效、实用的途径。因此，探究一条与阅读有效结合的写作新途径尤为重要。

第二章

"随文写作"
概述

第一节 “随文写作”理论依据

将初中语文写作训练融入阅读教学中，是新课程阅读教学理念和读写结合理念的具体落实，是统编版教材对写作教学的艰难探索，是学习迁移理论的具体体现，并且符合初中生阅读和写作心理的发展规律。本节将从新课程阅读教学理念、新课程读写结合理念和学习迁移理论三个方面进行具体的阐述。

一、新课程阅读教学理念

《义务教育语文课程标准（2022年版）》强调教学必须面向全体学生，使学生获得基本的语文素养，学生是学习的主体，语文课程必须根据学生的身心发展和语文学习的特点，指导学生进行自主、合作、探究性学习。其中也明确提出，教师的理解不能取代学生的理解，教师的分析不能取代学生的阅读实践。学生需要在阅读中发挥自己的主体作用，与文本进行深入的交流。阅读教学其实是学生、教师、文本之间的交流，其中学生与文本之间的对话是最主要且最有效的一种形式。学生在阅读中，需要有自己的感受、体验和理解。

随文写作的过程，是学生与文本深入交流与对话的过程，学生对文本的初体验和感受，可以在随文写作中进行梳理和完善。所以，随文写作是新课标阅读教学理念的真正落地，有利于避免这些理念沦为“空头口号”。

（一）阅读教学是对话的过程

任何一个文本，都是作者殚精竭虑、呕心沥血之作，都饱含着作者的情感与智慧。学生通过阅读，可以快速地认识世界和生活，丰富自己的情感，拓宽自己的视野。阅读教学是教师、学生、教科书编者、文本之间对话的过程，具体包括教师与学生之间、学生与学生之间、学生与文本之间、学生与编者之间的对话。这四种对话，在语文教学中都是必不可少的。阅读教学的目的在一定程度上可以说主要是通过学生与文本之间的对话实践，从而培养学生与文本、与作者、与生活对话的能力。实现学生与文本之间的对话，是语文教师在新课程实践中致力寻求的新理念，也是语文教学的至高追求。阅读过程是学生与文本展开对话交流的过程，如果用文字把这种对话表达出来，就是一种微型写作训练。

（二）阅读教学是个性化行为

学生作为一个独立的个体，是一个鲜活的、不断变化发展的人，有着自己独有的生活经历和阅读经验，有自己的体验、认识和思考，在教学过程中，教师要珍视学生独特的感受、体验和理解，不能把学生当作一个"两脚书柜"，限制或剥夺学生自主感悟、理解的权利，一股脑地把所有自己认为对的、对学生有益的知识全部倒给学生，用自己的理解去代替学生的理解，用自己的分析取代学生自己的阅读实践，用模式化的解读来代替学生的体验和思考。新课程阅读教学理念，强调在进行阅读教学时教师应当引导学生自主地对文本进行感受、体验和理解，教师在教学过程中应适当引导学生对文本作出全面深刻地理解和分析，而不是扼杀学生的思辨能力。莎士比亚说："一千个读者有一千个哈姆雷特"，对于同一文本可以从若干角度进行不同的解读。比如在教学《我的叔叔于勒》时，如果在阅读时我们只是灌输给学生本文的主旨是"对资本主义社会中人与人之间赤裸裸的金钱关系的一种揭露与批判"，那么，对主旨多元化的解读还远远不够，事实上，很多学生在文章的很多段落中都读出了"小人物的辛酸和无奈"。

把写作介入到文本阅读中，是学生自己感悟、理解文本的一种较好的方式。所以，阅读教学中设计一些能让学生动笔的微型写作训练活动，让学生真正与文本产生交融、引发共鸣，学生才会真切地感受到文本的魅力所在。

二、新课程读写结合理念

新课标的核心精神，主要表现在以下两个方面。

（一）对语文课程的定义

"语文课程是一门学习国家通用语言文字运用的综合性、实践性课程。工具性与人文性的统一，是语文课程的基本特点。语文课程应引导学生热爱国家通用语言文字，在真实的语言运用情境中，通过积极的语言实践，积累语言经验，体会语言文字的特点和运用规律，培养语言文字运用能力。"这个定义的划时代意义指出了语文课程要特别关注学生的"语言学用"。

（二）指出语文课程的教学方式

"义务教育语文课程实施从学生语文生活实际出发，创设丰富多样的学习情境，设计富有挑战性的学习任务，激发学生的好奇心、想象力、求知欲，促进学生自主、合作、探究学习；引导学生注重积累，勤于思考，乐于实践，勇于探索，养成良好的学习习惯。"

这里指出了语文课程是实践性课程，学习语文的方法是从生活实际出发，进行语文实践活动。概括地说，新课标带给我们的极富指导性的教学理念，就是让学生在语文实践中学习运用国家通用语言文字。新课标的这种理念与要求，明确地告诉我们，语文课堂教学必须要进行教学内容与教学形式的重大转变，要将语言的学习与运用作为最重要的教学内容，要将学生的学习实践活动作为最重要的课堂活动形式。

新课程背景下的语文教学，读和写是教师基本的、重要的教学方式，读和写也是学生学习的基本策略。"读中学写"不再是教师认为学生应该从读中学习什么写作知识，该安排怎样的写作训练，而是学生在主动的写作实践中遇到具体困难时，主动学习一些表达策略，这个时候，教师引导学生在走进文本时，不妨多一只"眼睛"，多关注形式的表达，多关注文本思维，多想一想，这样美的文章是怎么写出来的，从中学习基本的观察与表达策略，用这些策略来解决写作上的困难。

统编版初中语文教材写作部分的编写，以2011年版课标的总目标第8条作为写作教材编写的总体要求，即"能具体明确、文从字顺地表达自己的见闻、体验和想法。能根据需要，运用常见的表达方式写作，发展书面语言运用能力。"

根据以上原则，在阅读教学内容框架基础上，统编版教材编者拟定了以随文学习为主又各有年级侧重的写作教学原则，即该单元的课文阅读教学提供的主要语文能力的材料适合进行哪方面的写作训练，就以该写作点为基本写作练习的目标，所列举的内容或写作实践训练就在刚刚学过的该单元课文之中或本册教材之中。

例如七年级12个写作训练点的列举，见表2-1-1。

表2-1-1

教材	单元	写作训练点	列举
七年级上册	第一单元	热爱生活，热爱写作	无
	第二单元	学会记事	《散步》 《秋天的怀念》
	第三单元	写人要抓住特点	《从百草园到三味书屋》 《再塑生命的人》
	第四单元	思路要清晰	《再塑生命的人》 《植树的牧羊人》 《纪念白求恩》
	第五单元	如何突出中心	《猫》 《动物笑谈》 《狼》
	第六单元	发挥联想和想象	《天上的街市》 《荷叶·母亲》 《皇帝的新装》
七年级下册	第一单元	写出人物的精神	《说和做——记闻一多先生言行片段》 《回忆鲁迅先生（节选）》 《邓稼先》
	第二单元	学习抒情	《黄河颂》 《土地的誓言》 《邓稼先》

（续表）

教材	单元	写作训练点	列举
七年级下册	第三单元	抓住细节	《阿长与〈山海经〉》 《老王》 《台阶》 《卖油翁》
	第四单元	怎样选材	《阿长与〈山海经〉》
	第五单元	文从字顺	《紫藤萝瀑布》 《一棵小桃树》
	第六单元	语言简明	《带上她的眼睛》

从以上表格中可以发现，除七上第一单元写作训练点没有与单元课文关联以外，其余11个写作训练点的列举，基本都是该单元中的课文，这就是写作训练的随文学习。

三、学习迁移理论

什么是学习迁移？通俗点说，学习迁移是在某一种学科或情境中获得的技能、知识、理解或态度，对在另一学科或情境中学习产生的影响。韩雪屏教授在《语文教育的心理学原理》一书中也提到："学习迁移就是指一种学习对另一种学习的影响，或者两种学习的相互影响"。学习的最终目的是运用以前学的知识来解决现在所面对的问题，准确、有效地提取已有的经验去分析、解决新问题，这实质上就是学习迁移。"学习迁移"通常有以下两个维度：一是在已有知识经验之上，不断地获得新知识和技能的过程。二是新知识和技能的获得，不断地使已有的知识经验得到补充和丰富，也就是我们常说的"举一反三""触类旁通"。

教学要培养和提升学生解决问题的能力，就必须了解学习迁移理论，按照学习迁移的规律办事。阅读和写作是语文教学的主要教学内容，在文本阅读过程中进行适当的写作训练，其实就是运用学习迁移的理论来发挥阅读和写作之间的促进作用。下面将从认知结构和建构主义两个角度对其进行具体的论述。

（一）认知结构理论

认知结构理论起源于1912年德国的"格式塔"学派，20世纪50年代后开始进入发展和兴盛时期，德国心理学家科勒是"格式塔"学派的创始人之一。

认知结构理论认为，一切有意义的学习都是在原有认知结构的基础上产生的，没有不受原有认知结构影响的有意义的学习。受原有认知结构的影响，必然存在迁移现象，这种迁移是以原有认知结构为媒介进行的。

认知结构理论的代表人物是美国的布鲁纳和戴维·奥苏伯尔。布鲁纳，美国研究认知学习和认知发展的著名心理学家，他的学习理论是以学生的知识学习为研究对象的。他的认知心理学的基本思想是，人们通过认知过程把获得的信息和以前构成的心理框架联系起来，积极地构成知识框架，这种框架是一种"表象系统"或者称为"内在模式"。这些模式由定律或概括性的体系组成。它们给新经验中的规律性以意义和组织，并容许个人超越他所收到的信息。布鲁纳认为，任何一门学科知识都有一定的知识结构，学习就是掌握学科的知识结构，在头脑中建立相应的编码系统，学习过程就是使编码系统的概念不断概括和分化，使之成为更完整、更概括的系统，而迁移就是把习得的编码系统用于新的事例中。迁移有正迁移和负迁移之分，正迁移就是把适当的编码系统应用于新的事例，负迁移则是把习得的编码系统错误地应用于新的事例。戴维·奥苏伯尔，美国另一位著名的教育心理学家。他认为，学生学习新知识时，认知结构的可利用性、可辨别性和稳定性是影响学习迁移的三个关键因素。可利用性，指原有的认知结构中具有用来同化新知识的适当观念；可辨别性，指学习新知识时，原有观念与新知识的区分辨别程度；稳定性，指原有的认知结构能够起固定作用。由此可知，如果原有的认知结构中具有同化新知识的原有经验，如果原有的认知结构是分层次、有规律地排列的，如果原有认知结构中起固定作用的观念的巩固程度越高，越有助于新知识的学习，越有助于学习的迁移。

认知结构理论后来被广泛运用到教学过程中，就是我们在进行教学时要把握学生学习的起点，促进学生的深度学习，如果学生的学习层次始终处于浅层学习状态，也就是处于较低的认知水平和思维层次时，学习不易迁移。"学习者积极主动地使新知识与他的认知结构中有关的旧知识发生相互联系，把新知识纳入已有的认知结构中，利用旧知识理解新知识，结果旧知识得到了充实或改造，新知识获得了实际意义，这个过程就是有效的迁移过程。"能有效迁移的学习才是"深度学习"。

在实际教学中，我们究竟要如何做才能促进学生由浅层学习向深度学习方式转型？

我觉得，我们可以通过改变教材内容或其呈现方式改进学生的原有认知结构变量，从而促进学习的迁移。在语文教学中，语文教师把写作训练介入到阅读教学中，其实就是借助了写作这一媒介，把阅读和写作有机结合起来，补充和完善了学生的认知结构。学生写作的过程，是学习和理解旧知识的过程，是优化已有认知结构的过程，也是知识迁移的过程，通过这一有效的迁移过程，提高了学生学习新知识的效果，真正提升了学生的学习能力，从而"保障每一位儿童高品质的学习权"。

（二）建构主义理论

建构主义又称结构主义，最早源于瑞士的儿童心理学家和教育家皮亚杰的相关理论，它是学习理论从行为主义到认知主义后的进一步发展。

建构主义理论的核心可以概括成以学生为中心，强调学生对知识的主动探索、主动发现和对知识意义的主动建构。在建构主义者看来，学习是学习者在原有知识经验的基础上，在一定的社会环境中，主动对新信息加工处理的过程，也可以说，是学习者主动与客观世界对话、与他人对话、与自身对话的过程，是一个融合了认知性实践、社会性实践、伦理性实践三类实践活动的三位一体的过程，在这个过程中，知识不是通过教师的传授而获得的，而是学习者在一定的情境下，利用必要的学习资源，通过有意义的建构方式而获得的。

建构主义学习迁移理论强调学习过程与具体情境的联系，强调学习者在实际情境中的建构知识意义，认为只有与具体情境紧密联系且经历了去情境化过程的知识才具有可应用性。学习的过程是新旧知识相互影响和整合的过程，学习者是知识加工的主体，是学习意义的主动建构者，学习的过程强调学习者的主观能动性。该理论运用在教学中，要注重以学生为中心进行教学，把学生当成信息加工的主体、意义的主动建构者；注重情境性教学，围绕现实问题开展学习活动，学生在教师的组织下，经过讨论、交流，批判性地吸收各种观点，建构起更深层次的知识链接，进行多方位的理解。

语文学科是一门综合性与实践性相结合的学科，教师在教学中应当注重引导学生主动建构语文知识结构，把新学到的知识和技能融入已有的知识框架中，这也是学好语文的必经之路。随文写作训练活动，是通过写作实践，对阅读教学所学知识进行内化，具体来说，学生写作的过程就是静下心来体会文本内涵的过程，就是对写作与阅读相关的知识进行重构的过程，这样的过程，能加快语文知识的建构，能有效促进学生文本阅读能力和写作能力的提升，从而较好地实现阅读与写作知识的双向融合。

第二节 "随文写作"教学优势

对于写作，中国的传统观点是，文章务求完整。片段、章节等文学创作都称不上是文章，所以我们一直以来用了很多时间和力气去训练学生写整篇文章，但写作能力的提升却收效甚微。究其原因，是因为我们没有认识到，学生的写作水平不是从零开始的。语文是母语课程，学习资源和实践机会无时不有，无处不在。学生学习写作的过程，不是一个从无到有的过程，而是一个从不太好到较好，从不完善到相对完善的过程，写作水平的欠缺不是"全面"的缺失，而只是"局部"的缺失。写作就像建一座高楼，不能仅仅依赖于手中有的建筑图纸，还要细化到地基的选择、框架的搭建、砖瓦的挑选、色彩的搭配、细节的雕琢等各个方面，而每一个方面的欠缺都可能会影响这座高楼的质量，但这所有的元素，又不可能一次性准备到位，需要各个击破，也就是事先的局部准备。学生写作亦是如此，学生写作能力的不足，不是写作知识的全部缺失，可能是学生在某些写作知识方面存在欠缺，如有的学生不会选择一个合适新颖的材料，有的学生缺乏整体布局的能力，有的学生缺乏细腻描写的技巧，有的学生缺乏一个高远的立意，还有的学生可能只是语言表达方面有待提高等，可能一千个学生，就会有一千种写作上的困难，而这样的困难，又可能只是学生写作路上的一个小小的拦路虎，解决这些小小的困难，写作可能就会柳暗花明，写作水平也可能就会提高到一个新的层次。新课标中对第四学段的"表达与交流"有明确要求：作文每学年一般不少于14次，其他练笔不少于1万字，45分钟能完成不少于500字的习作。其实，即使一学期能完成7篇的写作训练，但由于每学期作文教学时间的有限，想完全通过作文课来解决所有写作道路上的拦路虎，是不太可能完成的任务，进行写作突围，唯一的办法就是将写作训练进行延展，将写作训练从作文课堂延伸到阅读课堂，甚至所有的语文课堂，让写作训练能够随时随地发生，我们称之为"随文写作"。

其实，这样的随文写作训练，不需要教师花费大量的时间和功夫，只要认真研究学生在每一个阶段遇到的写作困难，研究教材内容可以开发的写作资源，然后提炼出写作知识。这样的写作知识既可以大而全，也可以细而微，然后在阅读教学中设计针对性的训练点，学习最需要的写作知识，积累丰富的写作经验，从而真正提高学生的写作水平。

与大作文训练相比，随文写作训练有如下优势。

一、激发写作兴趣

现在很多写作教学不是"我要写"，而是"要我写"，作文课上老师给出一个作文题目，接下来就是学生的写作时间，要么是限时当堂完成，要么是课后作为家庭作业完成，但无论是以上哪一种写作形式，写作性质都不变，就是学生被动完成老师布置的写作任务，而这样的写作任务，需要学生综合调动所有的写作知识，如审题、选材、构思、语言、立意等，这对学生来说无疑是一项浩大且艰难的工程。因此，我们的写作课往往让学生苦不堪言，也直接导致学生失去了写作的兴趣。在阅读教学过程中，适当地安排微型写作活动，不仅对学生的阅读具有极好的促进作用，还能培养学生的语感，提升写作自信，从而渐渐激发出写作兴趣。

心理学告诉我们，兴趣是获得知识、形成技能技巧、开发智力的动力。因此，任何形式的教学都必须严格遵循兴趣性原则。只有当学生对写作产生了浓厚的兴趣时，作文训练才会有成效。"随文写作"与作文课上的写作活动不同，这是一种由阅读活动自然生发出来的微型写作训练活动。它有现成的范本可供模仿，有现成的素材可供使用，又能高效地把刚刚学到的写作方法或技巧学以致用，这样的微型写作活动开展起来相对轻松、便捷。在写之前，为了更好地发挥原有材料的价值，更好地写出高质量的习作，学生会自主地阅读文本，因而也更容易取得良好的阅读和写作效果，有利于激发学生的学习兴趣。同时，很多学生通过大量阅读，也想尝试着用文字去记录日常生活中的所见、所闻、所感，这一微型写作活动正好可以迎合学生的这一心理特点，从而促进他们更好地去完成阅读和写作任务。

二、积累写作知识

《义务教育语文课程标准（2022年版）》总目标第5条中明确指出："学会运用多种阅读方法，具有独立阅读的能力。"可见，丰富的积累在语文教学中是非常重要的。

"随文写作"训练，是在阅读教学中教给学生写作的各种技巧和方法。这些写作方法很丰富，可以是布局谋篇的方法，可以是修辞的运用，可以是景物描写，可以是人物描写，可以是抒情的表达，还可以是句式的使用……甚至可以再进行细化，如人物描写的方法可以分为动作描写、语言描写、心理描写、神态描写和外貌描写。通过学习人物描写，我们可以进行微型写作练习：如何写出传神的动作。比较阅读目的就是让学生学会准确地使用动词。然后趁热打铁，课后可以让学生完成拓展写作。有了前边准确使用动词的知识积累，同时有自己真实的生活体验，学生会乐意拿起笔来进行表达。所以当学生知道怎样去进行写作的时候，对于写作的态度就不再是逃避，也就有了写作的欲望。

下面以笔者设计的统编版教材七年级第一单元的随文写作训练点为例，具体内容见表2-2-1。

表2-2-1

写作困难	写作目标	篇目	写作训练
如何恰当使用修辞手法	学用比喻句	《春》	背诵最后三段，并用三个比喻句替换该结尾
	学用拟人句	《济南的冬天》	1. 精读第4段，划出本段的拟人句，体会拟人手法的妙处。 2. 改写：最妙的是下点儿小雨呀。看吧……（至少使用2处拟人）

（续表）

写作困难	写作目标	篇目	写作训练
如何写好景物描写	学习五觉写景法	《雨的四季》	第2段文字从视觉、听觉和嗅觉的角度描写雨后的世界，请从五觉的角度想象添加一些写景的文字
	学习五觉写景法	《次北固山下》	运用五觉写景法将本诗改写为唐诗素描（不少于200字）

从表2-2-1可以发现，根据学情进行针对性的写作微训练，对于刚刚走进中学校园的七年级学生来说，应该是一个既能增加学生的写作信心，又能很好地落实语基的好办法，这比空洞讲解什么是比喻、拟人等修辞手法有效得多。这样的写作训练，从写作的微小知识入手，有效降低了写作的难度，让学生可以轻易地掌握相关的写作知识，如果初中三年都能坚持进行这样的微型写作训练，就可以帮助学生建立庞大而系统的写作知识网。

三、加深课文理解

阅读与写作是相互促进的，阅读是写作的基础，可以促进写作的发展，写作又反作用于阅读，我们经常发现写作能力较强的人常常阅读能力也较强。因为写作能力较强的人通常比写作能力弱的人阅读量大，主动练笔的次数多。通常学生在写作过程中，会意识到自己写作知识结构中的不足之处，并因此刺激他们主动寻求补充相关写作知识欠缺的策略。例如学习宗璞的《紫藤萝瀑布》，笔者制定的教学目标如下：

（1）了解作者的经历和写作背景，正确理解作者的情感。

（2）揣摩重点词句的表现力，学会欣赏课文中精彩的语句，学习本文如何写景状物的方法。

读写结合有两种常见的形式："指向内容"和"指向写作"。传统的读写结合，均指向对阅读内容的理解与升华，如指向文本思想主旨的读后感，就是典型的"指向内容"。"指向内容"的教学，重点大都在体现思想感情的段落上，而"指向写作"的教学，重点主要在表达奥妙的段落上。以上课例的教学目标分析如下：

第一个目标要求正确理解作者的情感，而文中最能体现作者情感的句子是："花和人都会遇到各种各样的不幸，但是生命的长河是无止境的。"这是议论性的语句，是在以记叙或抒情为主的表达方式中，用简短的议论性语句来表达自己的观点，而该知识就属于"表达自己的看法"这一写作范畴的知识，是指向对文本思想主旨的理解。

第二个目标要求学习本文如何写景状物是直接指向写作核心知识，也就是"指向写作"的目标。通过对该写作知识的补充，学生回过头再读《紫藤萝瀑布》，除了对写作技巧有了更全面、更深入的了解以外，对于文章的内容和主旨也应有更深的理解。

四、培养写作习惯

行为科学研究得出如下结论：一个人一天的行为中大约只有5%是属于非习惯性的，而剩下的95%的行为都是习惯性的。即便是创新，最终也可以演变成习惯性的创新。得出的另一个研究结论是：习惯的养成需要21天以上的重复，而稳定习惯的形成通常需要90天的重复。写作是一种技能，要想培养出良好的写作习惯，流畅的表达能力，也需要经过反复的练习。

叶圣陶先生认为如果能养成良好的阅读习惯，必定会深受所阅读的书刊内容的影响，无须刻意模仿，而思维与技巧便能有所提升。养成良好的写作习惯，能促进思维与技巧的提升。随文写作的起点是模仿，可以从一个标点、一个词语的模仿开始，也就是说从写作最基础的部分开始模仿，这样一步步进行写作知识的积累，从而打下坚实的写作基础，在以后的写作活动中，各种写作技巧就可以信手拈来、灵活运用，从而展示扎实的写作基本功。

另外，随文写作不同于大作文训练有固定的题目及体裁要求，随文写作一般较为灵活，不限字数，写作形式多样，写作的素材也是多种多样，可以让学生养成一种随时用笔记录下对生活中的人、事、物的感悟的良好写作习惯，长期坚持下去，学生必定能积累大量的写作素材，提高自己的写作水平，对于任何形式的写作也都能沉着应对，这也是写作能力强的学生，无论作文形式怎么变化，"任尔东西南北风"，都能在考场纵横驰骋的原因。新中考改革取消考试大纲，作文考查形式更加灵活多样，只有扎扎实实地进行写作训练，培养良好的写作习惯，提升学生的写作能力，才能从容应对新形势下的这一新的挑战。

第三章

"随文写作"

实施策略

第一节 "随文写作"基本形式

一、指向语言学用能力

《义务教育语文课程标准（2022年版）》准确而简明地阐述了义务教育阶段语文课程的性质和任务，也明确地告诉我们：语文课程重在语言学习。不仅如此，2022年版新课标中对语言学习和运用还有多次阐述。例如："语言运用是指学生在丰富的语言实践中，通过主动的积累、梳理和整合，初步具有良好语感；了解国家通用语言文字的特点和运用规律，形成个体语言经验；具有正确、规范运用语言文字的意识和能力，能在具体语言情境中有效交流沟通。""积极观察、感知生活，发展联想和想象，激发创造潜能，丰富语言经验，培养语言直觉，提高语言表现力和创造力，提高形象思维能力。"

语文课程要培养学生语言文字运用能力，主要靠学生大量的实践，而不是靠教师的讲解和灌输，语文课程应该在大量的语言训练中提高学生运用祖国语言文字的能力。

指向语言学习和运用能力常见的训练形式如下。

（一）仿写训练

仿写，是我国作文教学的传统方式。仿写要求学生在理解、把握范文的主旨和写作方法的基础上，根据自己的生活经验和对事物的认识，写出在形式上与范文相似又具有个性的作文。仿写训练与阅读教学有机结合，学生从范文中学习到的各种写作知识及表达方法，都可在仿写训练中加以运用和吸收。

在阅读课中，仿写训练并不是让学生生硬地套用优秀作品的形式，更不是抄袭，而是要借鉴范文的写法，发挥学生的独创精神，教师要有针对性地要求学生模仿优秀作品的写作手法进行写作，从而逐渐使学生爱上写作。仿写可以是整篇文章的模仿，也可以是对阅读过程中学生自己认为有意思的或者留下不一样感受的语段或语句进行仿写，给予学生仿写更多自由选择的空间，在仿写中获得更大的成就感，往往能够激发学生的写作兴趣，其中必须指明的是，模仿的仅是写作的形式，而内容应该是学生的真情实感。在初中教学初始阶段，教师可以安排学生进行有梯度的模仿练习，这样既能有效提升学生的写作能力，又能提高语文课堂教学的效率。

以下是笔者执教七年级时设计的一节仿写训练课，学生在阅读曾冬的散文集《唐诗素描》时，笔者选择《咏柳》一文，进行了如下教学设计。

例1：

《咏柳》教学设计

一、教学目标

（1）能学会积累优美可用的语言文字。

（2）在多种形式的写作实践中，掌握一些语言表达的技巧。

（3）能初步赏析文章的美点。

二、教学过程

活动一：抄写积累

在文中找出在你作文中能直接运用的美句，至少书写工整地抄写一句在摘抄本上，并背诵下来。

生自主阅读、摘抄、背诵。

活动二：改写借鉴

写作挑战第一级：在文中找出稍微改动一些词语或短语就能用在你作文中的美句，并在摘抄本上进行改写。

师出示示例。

原句：一切如昔，院落里乡亲在擦拭歇了一冬的农具，祈盼着今年能有个好收成。

改句：一切如昔，院落里奶奶在擦拭歇了一冬的石桌石椅，祈盼着春天从四处归来的孙儿们嬉戏的身影。

生任选美句改写。

活动三：仿写创造

写作挑战第二级：请仿照第2、3段，运用比喻、拟人的修辞手法，任选一景物作为描写对象，如簕杜鹃、向日葵、桂花树、大榕树……仿写一段景物描写文字。

生观看植物图片，师提示学生观察点。

生动笔写作，全班展示交流。

活动四：续写赏析

写作挑战第三级：请你根据下面这句赏析思路续写一段赏析导读语。

《咏柳》是一篇写法丰富、语言优美的写景抒情散文，……

生续写赏析导读语，全班展示交流。

师小结：《咏柳》是一篇写法丰富、语言优美的写景抒情散文，全文运用多种表现手法来写柳，如动静结合、虚实相生、丰富的想象以及多种修辞手法……作者还善于运用富有表现力的动词，如"飘散、装扮、披上、伸长、等待、修理"等，为我们描绘了一幅有形象、有意境、有韵味的画面。

该课例就是一节典型的随文写作课，本节课设计了四个活动：抄写积累、改写借鉴、仿写创造和续写赏析，学生在四个语言学用活动的训练中能扎扎实实地走进文本，习得言语技能，教学目的明确指向言语表达理解。这样有梯度的写作训练，使学生既能积累大量优美的语言文字，又能学习运用多种修辞手法或表现手法来写景状物，还能对文章的美点有更多角度的理解，学生赏美的过程就是语言学用的过程。

例如在阅读课中，学生阅读朱自清的《荷塘月色》时，笔者选取文中最精美的段落，通过提供写作支架，进行课堂仿写训练。

例2：

《荷塘月色》仿写段落

曲曲折折的荷塘上面，弥望的是田田的叶子。叶子出水很高，像亭亭的舞女的裙（比喻）。层层的叶子中间，零星地点缀着些白花，有袅娜地开着的，有羞涩地打着朵儿的（拟人）；正如一粒粒的明珠，又如碧天里的星星，又如刚出浴的美人（博喻）。微风过处，送来缕缕清香，仿佛远处高楼上渺茫的歌声似的（通感）。

需要运用的写作支架：

（1）运用至少一处比喻、拟人等修辞手法。

（2）运用至少一处通感。

（3）运用五觉写景法。

例3：

学生仿写作品展示

作品一：清晨的山林总是十分恬静的。放眼望去，浅绿、鲜绿、深绿、黄绿、灰绿、墨绿……各种的绿色，连接着，交错着，变化着，滚动着，一直绿到天边，绿到山脚。身处这种和平、柔婉的气氛中，竟使我犹如饮了美酒，进了梦境。四周弥漫着泥土清甜的气息，似醇香的奶油，绵绵地、紧紧地包裹着我，不曾流动。那些圆圆的、亮亮的、润润的露珠，如从浩渺宇宙中不小心失足跌落的点点繁星，泛着朦胧又神圣的光华，随意挂在枝头上、草叶上，闪闪烁烁。鸟儿可能受了山间善良的女巫的帮助，化成娇俏可爱的精灵，低低地贴着花朵飞行，双足轻点，"叮当叮当"，踩碎一地活泼的音符。雾渐渐浓起来了，它好像缥缈的披帛，柔柔地缠在山林的臂膀上，如梦、如幻。

作品二：芳香四溢的梅园里面，弥望的是交错的梅枝。梅枝积雪很深，似一方如水的梦境。低垂的梅枝中间，淡淡地点缀着些红梅，有冷然地开着的，有温婉地展着花苞儿的；正如一纸纸的红笺，又似点点晕染的红墨。冷风过处，捎来缕缕幽香，仿佛亘古深院里疏冷的琴声似的。这时候枝丫与红梅也有一些的婆娑，像歌声般，霎时传到梅园的角落里去了。红梅本是一朵一朵挨着，这便有了一片嫣红的光影，红梅底下是缱绻的白雪，掩住了，看不见一些碎影，而红梅却更显清适了。

作品三：远处的田野上，树林有着比夜更深、更墨、更蓝的影子，隐隐约约可以描绘出其轮廓。而近处的小路、房屋，被朦胧的白笼罩着，奶油似的，听得见汩汩流动的声音。丛中的花、草、虫，开始了月光浴，蛐蛐在月光里甜蜜地叫着，鸟儿在树枝间默默地呼吸着，只有几声犬吠仍不知疲惫，回荡在山谷里，让世界多了一份空灵与宁静。桂花香如仙女般，缠绕在我的鼻尖，伸出手，可以触到柔柔的风，清清凉凉。

作品四：深深浅浅的天空下方，盘旋的是层层的山峦，山峦上树木很茂密，像美人的灰黑色蕾丝花边。排排的山峦里积了些淡紫的雾，有游荡在天地上下的，有漫盖了整条山脉的。这氛围正是一种深深的感动，成为灵魂深处令人震悚的惊雷。霞光映处，呈现出千般灿烂，如同流淌的萤火，迷醉出万种风情。这一霎，天空也应有着一些变化，将深红一下子幻成瑰丽的深蓝，行云般的，一下子划破黎明。山峦本与天空一起晦暗神秘，这会儿却有了一派明亮的庄严。山峦的底部还是沉沉的黑，这混沌空蒙长久地停在底部，滞固了，叫我不可窥见一点儿地下的声音；而清晨，已经结束了。

当然，随着学生写作能力的不断提高，我们可以在句式、段落的仿写中，逐渐穿插整篇文章的仿写训练，如学生在阅读《艾青诗选》时，笔者就选取了其中一些经典的诗歌进行仿写训练。

例4：

学生对《煤的对话》的仿写

作品一：

夏的对话

你住在哪里？

我住在橘子味的天空里，

我住在海盐味的浪花里。

你的年纪——

我的年纪比天的更大，

比海的更大。

你什么时候会出现？

在绚丽的云霞被浣洗净的时候，

在柔和的轻风被感受到的时候。

那你怎么还不来？

且慢，且慢，我这就来——

请吹响欢快的口哨，吹响欢快的口哨！

作品二：

夜的对话

你藏在哪儿？

我藏在街巷的尽头里，

我藏在黑暗的丛林里。

你的年纪——

我的年纪比人类的更长，

比宇宙万物的更源远。

你从什么时候开始阴沉的？

从农民疲惫的时候，

从太阳没入海水中的时候。

你已经坠落在人的倦意中了吗？

坠落？不，不，我还振奋着——

请等待着光明，等待着光明！

（二）句式变形

有时，对文章的句式做一些巧妙的变形处理，能帮助学生更加直观地感受语言的特点，从而达到语言学用的目的，也能帮助学生更好地理解文章的情感。

例如有一位老师在执教《老山界》时，就设置了如下活动环节。

例5：

《老山界》教学片段

PPT显示：

满天都是星光，

火把也亮起来了。

从山脚向上望，

只见火把排成许多"之"字形，

一直连到天上，

跟星光接起来，

分不出是火把还是星星。

这真是我生平没见过的奇观。

（师指导男生女生配合反复朗读）

师：如果改一个标点符号，我们会读得更好，作者的情怀也会表达得更鲜明。改变哪一个标点符号呢？

生：把最后的句号变为感叹号。

师：有道理。来，再读，读出感叹号的感叹之情来。

（生再读，更多雄伟绚烂和赞叹之情都读出来了。）

该变形活动设计，是为了让学生在反复诵读中深刻感受红军战士此行的困难和惊心动魄，体会红军战士的大无畏精神和革命乐观主义精神，从而唤起学生的情感共鸣，并内化为个人的精神力量。

新课标中强调，语文课程要注重引导学生多读书、多积累，重视语言文字运用的实践，在实践中领悟文化内涵和语言应用的规律。这样的仿写、改写和变形训练，就是在大量的语言实践中掌握语言应用的规律，从而促进学生语文素养全面协调地发展。

二、指向联想想象能力

《义务教育语文课程标准（2022年版）》中对于第四学段学生写作教学有如下一些表述："写作时考虑不同的目的和对象。根据表达的需要，围绕表达中心，选择恰当的表达方式。合理安排内容的先后和详略，条理清楚地表达自己的意思。运用联想和想象，丰富表达的内容。""能根据文章的基本内容和自己的合理想象，进行扩写。"

这些文字明确提到，要运用合理的想象，进行不同形式的写作训练，而这样的写作训练，也可以穿插在阅读教学之中。

（一）续写训练

续写是将一篇未完成的文章继续写完，有的文章可能只开了个头，大致提供了时间、地点、人物，让你靠想象续写其发展；有的文章只是缺结尾，让你续写结局；也有的文章本身就是一个完整的故事，让你把情节发展下去。这样的续写训练，不仅能帮助学生更深入理解文章内容，也能较好地培养学生的形象思维、抽象思维和发展思维，提升学生的语文素养。

例如笔者在执教《故乡》之后，就进行了一次续写训练。

例6：

《故乡》续写训练

发挥想象，续写宏儿和水生长大后见面的情景。300字左右。

作品1：

"毛主席就是那金……"宏儿正哼着歌，拿着钢笔在纸上飞快地写下自己对新中国的热爱。他此时的心情就如一只刚从笔中飞出的小鸟，脸上洋溢着喜悦。

他的兴奋并不只是因为新中国的成立，更是因为，他今天要会见一位老朋友。

"咚咚！"听到敲门声，宏儿立马从椅子上弹起，放下笔，匆忙地奔向门前，他将手搭在门把手上，深呼了一口气，随后缓缓地按下把手，把门推开。

"啊……同志！"宏儿简直不敢相信自己的眼睛。眼前站着的真的是水生吗？他头上的旧毡帽已变成了一顶整齐干净的绿军帽，身上破旧的棉衣也换成了军装，他还是那般清瘦，但却如一棵白杨树般站得笔直，他的瞳孔里散发出如火焰般热烈的光芒。

水生看见宏儿，呼吸都急促了些，他嘴唇微微颤抖着，叫道："宏儿——同志！"话音刚落，俩人便几乎同时伸出右手，紧紧地握在一起。喜悦在这时化作感动，泪水润湿了宏儿的眼眶，模糊了他看着水生的视线。

水生也直直地看向宏儿的双眼。他们就这样一直握着手，看着对方的眼睛，什么都没说，但好像，什么都不用说了。

此刻，他们的心也如他们握着的双手，紧紧地靠在一起。

作品2：

我已数不清到底阔别这片故土多少年了。

立在晃荡的船头，那多少次在梦中闪现的缥缈景物，终于真真切切地向我奔涌而来了。抬眸，环视，我的目光轻柔地拂过这熟悉又陌生的故土。

清晨五点前后，没有什么日光，没有灯火，有的只是月光和星光，而月光和星光都是安安静静的，不会打扰心里面的声音。

我听着天上的云飘动的声响，比水要轻盈。云岚移动，很慢，若有若无。

这时，一抹瘦高迷蒙的灰蓝身影也晃晃悠悠地映入眼帘了。他穿着一件极薄的深蓝色棉袄，缀满补丁，蒙着一层褐黄色的土灰。

我又仔细地瞅了几眼，探出身子，看那握着锄头的手早已龟裂，被冻得黝黑，像干干的枯枝。

瘦瘦的身板转了个方向，水生小时候那圆圆的小脸笑嘻嘻地出现在眼前，又黑又亮的眼睛快活地扑闪着。我摇了摇头，觉得两人的眉眼越发地相似。

"水生欸！"我欢快地挥动着手臂，兴奋地叫着。我这童年的玩伴才抬起了他低垂的头颅，茫然又僵硬地扭了扭脖颈。

他的瞳仁猛地收缩了，蜡黄的脸上多了几根因笑而牵动的皱纹，他的眼不复往日灵动，凹陷下去了。他张了张薄薄又干瘪的紫色嘴唇，惊喜地望着我，笑了。

我也开心地笑出了声。

那笑声里，大概有匆匆二十年过去的莫名的感伤吧，时光岁月一晃而过，或许不是喜悦或遗憾，只是觉得不可思议。欢喜的笑声戛然而止，忽然沉默下来。

他终于开始打量起我了……

一千个读者就有一千个哈姆雷特，由于学生生活经验、阅读经历等的不同，对原有故事的发展就会有不同的想象维度，以上两个学生的续写作品，想象丰富，维度多元，都呈现出不同的精彩。

值得大家关注的是，统编版教材出现了独立的想象单元，如七年级上册第六单元，单元导语呈现的人文目标如下：凭借想象，体验更广大的世界，引导我们换一种眼光看世界。知识目标有两点：一是通过寻找关键词语训练速读能力；二是通过联想和想象，把握作者的思路，深入理解课文。

该单元课文有童话、诗歌、神话和寓言等，都属于文学作品，丰富的想象是其共同的特质。备课时，教师要敏锐地捕捉本单元导语中的核心目标要求，即"人文主题"和"语文素养"同时指向的"联想和想象"，设计单篇课文的教学活动。

例如笔者在对安徒生的童话《皇帝的新装》进行教学设计时，就安排了如下的联想和想象活动。

例7：

《皇帝的新装》教学活动中的联想活动

请根据以下提示，任选一个角度，发挥联想和想象，为文章续写一个故事。

如果你是那个骗子，游行大典后你会怎么做？

如果你是那个皇帝，游行大典后你会怎么做？

如果你是那个孩子，游行大典后你可能经历什么？

如果你是那些大臣中的一位，游行大典后你会怎么做？

提示：

（1）认真阅读课文的结尾，想象故事发展的可能性，然后任选一个人物角度续写。

（2）要使人物的言行和性格与之前的表现相符，故事发展和情节设计要合情合理，令人信服。

想象是人们在头脑中运用已经获得的表象，经过加工、改造、创造出一个并未直接感知的新事物形象的心理过程。在阅读教学中，通过续写等活动，再现作品的艺术形象，训练学生的想象能力，有助于加深学生对文本的理解，提高阅读能力，也有助于写作水平的提高，因为写作的任何一个环节，如审题立意、布局谋篇等都离不开想象。

（二）改写训练

改写，就是在忠于原作内容的基础上，通过改变文体、语体、情节、叙述角度和记叙顺序等进行"再创作"的一种写作形式，但无论何种形式的改写训练，都要发挥联想和想象，对原作进行艺术"再创作"，以服务于特定的需要。改写有助于培养学生文体意识，提高学生写作能力，由于改写要以原作为基础，不能背离原作，这就要求学生在下笔前要深入体会原作，把握其内容和精神，这样有助于更深入地理解原作内涵。

1.改变文体

常见的文学体裁有诗歌、小说、散文、戏剧等，改变文体，可以将诗歌改写成散文，将小说改写成戏剧，将散文改写成诗歌等。改写的过程，就是不同文体对比的过程，这对不同文体特征的把握也不无裨益。

例如，余映潮老师在设计郑愁予的《雨说》一文时，通过"集句成文"这种比较经典的改写训练形式，将一首诗歌巧妙改写成以下一篇小小的散文。

例8：

雨说（散文）

当田圃冷冻了一冬禁锢着种子，雨说，我来了，我来探访四月的大地。

雨说：孩子们，我是到大地上来亲近你们的，我是四月的客人，带来春的洗礼。我来了，我走得很轻，而且温声细语的，我的爱心，像丝缕那样把天地织在一起。

孩子们，跟着我去踩田圃润如油膏的泥土，去看牧场就要抽发忍冬的新苗，绕着池塘跟跳跃的鱼儿说声好，去听听溪水练习新编的洗衣谣。

孩子们，我要教你们勇敢地笑啊！只要你们笑，大地的希望就有了，当你们自由地笑了，我就快乐地安息……

将一首诗歌通过提炼关键信息的方法，改写成一篇短小精悍的散文，这样巧妙的改写设计，将文字重新排列组合。学生在反复阅读文章的基础上，通过提炼关键词句的方法，挑选句段，进行勾画，然后将这些精选语句重新组合，尝试新的表达，体会诗歌内涵，品味作者拟人化的艺术表现手法，使学生对"雨"这位爱的使者的形象能有更深层次的理解。

例如在学习了《我的叔叔于勒》后，笔者设计了一次随文写作训练。

例9：

随文写作训练

请将"哲尔塞岛旅行"这一部分情节改写成课本剧。

提示：

（1）与小说相比，剧本中的时间、人物、情节、场景应该更加集中，以适应演出的需要。

（2）呈现方式要适当改变，比如原文中的心理描写可以改为独白或旁白，环境描写、人物动作可改为舞台说明，人物对话改为人物对白，要突出戏剧冲突等。

学生作品：

惊险的哲尔塞岛之旅

人物：克拉丽丝、菲利普、若瑟夫、两个姐姐、女婿、于勒、两位先生、两位太太、船长。

地点：在一艘前往哲尔塞岛的游轮上。

菲利普：（感叹）啊！终于可以去哲尔塞岛旅行了，这真是一件令人开心的事情。

克拉丽丝：（微笑）是啊，这海面可真美，平静得像绿色大理石桌面。

在游轮的东北角，一位年老的水手给两位先生和太太撬牡蛎，他们的吃法很文雅。

菲利普：（看向那两位先生和太太）啊！这是多么高贵的吃法，（走到克拉丽丝和两个姐姐面前）你们要不要我请你们吃牡蛎？

两个姐姐：（齐声）太好了，谢谢亲爱的爸爸。

克拉丽丝：（迟疑）那……好吧……我怕伤胃，你只给孩子们买几个好了，可别太多，吃多了要生病的。（转身对着若瑟夫）至于若瑟夫，他用不着吃这种东西，别把男孩子惯坏了。

若瑟夫：（小声嘟囔）这可一点都不公道。

菲利普和两个女儿、女婿向那个年老水手走去。

菲利普：（往旁边走几步，瞪着眼，低声）真奇怪，这个卖牡蛎的怎么这么像于勒？

克拉丽丝：（迟疑）哪个于勒？

菲利普：（脸色变得苍白）就……就是我的弟弟呀，……如果我不知道他现在是在美洲，有很好的地位，我真会以为就是他呢，简直一模一样。

克拉丽丝：（吞吞吐吐）你疯了！既然你知道不是他，为什么这样胡说八道？

菲利普：（沉吟片刻）克拉丽丝，你去看看吧！最好还是你去把事情弄个清楚，你亲眼去看看。

克拉丽丝走向那个年老的水手。

克拉丽丝：（哆嗦，走向父亲）我想就是他。菲利普，赶紧去跟船长打听一下，可要多加小心，别叫这个小子又回来吃咱们！

菲利普快速向船长走去。

菲利普：（笑）啊……尊敬的船长大人，一看就知道您是一个经验丰富的老船长……哲尔塞岛有些什么风俗习惯？

船长：我在这艘船上工作已经15年了，哈哈，时间过得真快呀。至于这个属于英国管辖的哲尔塞岛嘛……

菲利普：（似乎漫不经心）您船上有一个卖牡蛎的，那个人看起来倒很有趣。您知道这个家伙的底细吗？

船长：（皱眉）他是个法国老流氓。去年我在美洲碰到他，把他带回祖国。据说他在勒阿弗尔还有亲属，不过他不愿回到他们身边，因为他欠了他们的钱。他叫于勒……姓达尔芒司，——也不知还是达尔汪司……

菲利普：（脸色煞白，两眼呆直）啊！啊！原来如此……如此……我早就看出来了！……谢谢您，船长。

菲利普走了回来，神色张皇。

菲利普：（结结巴巴）是他！真的是他！咱们怎么办？

克拉丽丝：（瞪着眼，小声嚷着）老家伙，快把孩子们领开。最要留心的是别叫咱们女婿起疑心。

菲利普：（低声嘟囔）出大乱子了！

克拉丽丝：（暴怒）我就知道这个贼是不会有出息的，早晚会回来重新拖累我们的。若瑟夫，去把牡蛎钱付了。已经够倒霉的了，要是被那个讨饭的认出来，这船上可就热闹了……

若瑟夫走向那个年老的水手于勒。

若瑟夫：先生，我应该付您多少钱？

于勒：（低头，继续撬着牡蛎）两法郎五十生丁。

若瑟夫：（默念，递给于勒五法郎）这是我的叔叔，父亲的弟弟，我的亲叔叔。

于勒找了钱，若瑟夫给了他十个铜子的小费。

于勒：上帝保佑您，我的年轻的先生。

若瑟夫走回父母身边。

克拉丽丝：（诧异）吃了三个法郎？这是不可能的。

若瑟夫：我给了他十个铜子的小费。

克拉丽丝：（瞪眼）你简直是疯了！拿十个铜子给这个人，给这个流氓！

克拉丽丝：（沉吟片刻）不行，我们得改乘圣玛洛船，千万别再遇见这个讨饭的，这个流氓。

2. 改变语体

所谓语体，就是人们在各种社会活动领域，针对不同对象、不同环境，使用语言进行交际时所形成的习惯用语、常用句式、结构体式等一系列运用语言的特点。语体一般分为口头语体和书面语体两类。其中，口头语体包括谈话语体和演讲语体。书面语体包括事务语体、科技语体、政论语体、文艺语体四种类型。例如将书面语改写成口语，将文言诗文改写成现代白话文等，就是语体的改变。

例如在学习刘禹锡的《秋词》一诗时，笔者就设计了以下教学活动。

例10：

《秋词》教学活动

活动一：改写一句

请结合上下诗句，发挥自己的想象，任选一句加以改写。

师示例：天，蓝蓝的；云，白白的；水，清清的。世界仿佛停止了一切的喧嚣，天地间，唯有你，唯有你洁白的身影，一翅冲天，向辽阔的、高远的天际飞去，那一抹白色的弧线，优雅地滑向远方……

活动二：改写一首

请运用联想和想象，恰当添加一些内容，将《秋词》改写成"唐诗素描"。

需要运用的写作技巧要求：

（1）至少有一处景物描写。

（2）至少运用一种比喻、拟人的修辞手法。

（3）要写出画面感。

学生作品：

秋词（改写）

清晨，天微明，星月还在交辉，萧瑟的秋风还在涌动，枯黄的树叶零星地敲响深秋的磬钟。装满世间沧桑的灰褐色树干，微弓着瘦腰，终年伫立在横亘的万仞峰峦之中，山中回荡的，是它们悲戚的哭泣。

如一片虚影，愈渐模糊，如蒙上一层透不过的纱曼——而它的背后，已然是胜于春天，是柔和而妩媚，简洁而优美，洒脱又不失风雅的秋。

悲秋吗？难道还是悲秋吗？

看，天空还是那么蓝，那么浩渺，像一潭明静的湖泊。这时，一只鹤，展开雄健的双翅，矫健的身姿，直冲云霄，生生地溅起了一阵激荡的水花，更漾起的，是诗人澎湃的心。

那双滑过视线的翅膀，展现的，是恸人的悲壮，还是希望的凯歌？

这一幅轻描淡抹的风景，镶嵌在蓝天上，凝聚的，是诗人直击云霄的豪情。

以上《秋词》的改写，将文言诗文改写成现代白话文，是典型的改变语体。这种以原文为基础，按照写作要求，对原文形式或部分内容进行加工改造，就能"变"出许多新的作品，这样的写作训练，让写作变得妙趣横生。

八上第一单元是一个新闻活动探究单元，本单元活动任务单有三个：新闻阅读、新闻采访和新闻写作。新闻写作分三类任务：一是必做任务，每位同学写一则消息；二是自选任务，撰写新闻特写等，每位同学从中任选一项完成；三是拓展任务，将本组或本班的新闻作品加以整理，编辑制作成报纸或新闻网页。写一则新闻，是本单元学习必须完成的写作任务，但在实际教学过程中，老师发现学写新闻是教学的难点，很多学生不是苦于没有新闻素材，就是不知道如何用新闻语言来写新闻报道，缺乏新闻体裁的相关知识建构，写出来的新闻还是新闻味道不足，而记叙文味道有余。为了适当降低新闻写作的难度，又能将所学的新闻知识化为自己所用，笔者在教学新闻特写《"飞天"凌空》之后，就设计了一次改变语体的随文写作训练。

例11：

《"飞天"凌空》随文写作训练

假如你是1982年印度新德里第九届亚运会上的一名记者，请将《"飞天"凌空》改写成一则新闻报道。

学生作品：

中国跳水姑娘吕伟夺冠

新华社新德里1982年11月24日电　11月24日，在印度新德里举行的第九届亚运会中，中国运动员吕伟获得女子十米跳台跳水比赛冠军。

在新德里体育馆内，吕伟站在10米高的跳台上，准备起跳。她轻舒双臂，向上举起，只见她轻轻一蹬，向空中飞去。紧接着，向前翻腾一周半，同时伴随着旋风般的空中转体三周，动作疾如流星，又潇洒自如。她的这个动作"5136"，让几位裁判亮出了9.5分的高分。

吕伟精彩的表现，将游泳场的气氛推向了高潮。整个游泳场都沸腾了，如梦初醒的观众用震耳欲聋的掌声和欢呼声，向他们喜爱的运动员表达由衷的赞赏。这位年方十六的中国姑娘获得了冠军，为中国又新添一枚金牌。

3.改变情节

改写训练，可以改写文体、语体，还可以适当改写情节。情节的改写，是在尊重原文的基础上，通过情节的再安排，引导学生更深刻地体会文章的主旨，同时培养学生的创造性思维能力。

例如笔者在设计《蚊子和狮子》一文的教学时，为了培养学生的想象能力，设计了如下教学活动。

例12：

《蚊子和狮子》教学活动

活动一：情节分析

要求：在蚊子、狮子、蜘蛛三个动物之间填上关联词语，构成情节的关联，并用自己的话复述故事。

明确：蚊子打败了强大的狮子，却死在小小的蜘蛛手上。

活动二：形象理解

要求：

（1）请圈划出最能体现蚊子和狮子性格的词语，分析它们的性格特点。

（2）请在文中为蚊子和狮子适当地添加神态、动作等描写，体会其形象特点。

活动三：寓意新解

要求：

（1）蚊子战胜了狮子，又吹着喇叭，唱着凯歌飞走，却被蜘蛛网粘住了……

（2）蚊子战胜了狮子，又吹着喇叭，唱着凯歌飞走，险些被蜘蛛网粘住……

请你任选一项，根据以上情节展开想象，续写或改写故事，要求写出新的寓意。

作品1：

蚊子和狮子（续写）

蚊子战胜了狮子，又吹着喇叭，唱着凯歌飞走，却被蜘蛛网粘住了。蚊子拼命挣扎，终究无法逃脱，它暗自叹息："自己同最强大的动物较量过，不料今天却要死在这小小的蜘蛛手中，心有不甘啊。"伤心的狮子正好路过，看见蛛网上正拼命挣扎的蚊子，狮子想："它伤害了我，我本不该救它，但看着它被蜘蛛生吞活剥，实在于心不忍，俗话说，救人一命，胜造七级浮屠，我还是发发慈悲吧。"于是，狮子走过去，用爪子抓破蛛网，蚊子因此得救。蚊子看着救出自己的狮子，终于知道自己到底输在了哪里。

这个故事告诉我们，真正的强者拥有一颗善良慈悲之心。

作品2：

蚊子和狮子（改写）

蚊子战胜了狮子，又吹着喇叭，唱着凯歌飞走，险些被蜘蛛网粘住。看着在风中荡悠的蜘蛛网，蚊子心有余悸，它想："今天，真是值得纪念的日子，自己同强大的动物较量过，却差点被这小小的蜘蛛消灭，看来骄兵必败的古训没错。"蚊子想起之前对狮子的冒犯，觉得万分惭愧，于是飞到狮子面前道歉，他们终于冰释前嫌，和好如初。

这个故事告诉我们，知错能改，善莫大焉。

以上"寓意新解"环节，设计"蚊子战胜了狮子，又吹着喇叭，唱着凯歌飞走，险些被蜘蛛网粘住……"这一改写活动，目的是通过情节的重新设置，启发学生从不同的角度思考故事的寓意，掌握寓言常常是用假托的故事寄寓意味深长的道理这一文体特点。

4.改变叙述视角

叙述视角是小说创作中的一个概念，通常分为叙述者的叙述视角和观察者的叙述视角，改变叙述者的叙述视角，就是改变作品中的人称，如将第三人称改写成第一人称，就是把文章主人公设定为"我"，第一人称的叙述角度，一般要着力进行心理描写，避免过多的抒情议论，这样的改写能更好地展现人物内心，帮助我们深入理解人物形象。

例如笔者在执教《我的叔叔于勒》时，就设置以下写作训练。

例13：

《我的叔叔于勒》写作训练

请从菲利普夫人的叙述视度改写《我的叔叔于勒》中"若瑟夫给于勒小费"片段（将文中主人公由第三人称改写成第一人称）。

学生作品：

我的叔叔于勒（改写成第一人称）

若瑟夫慢慢走向那个卖牡蛎的，问道："应该付您多少钱，先生？"

那个讨饭的头也没抬，低声回答道："两法郎五十生丁。"

若瑟夫把五法郎的银币给了他，他找了钱。

若瑟夫定定地站在那人面前，好像并没有要马上离开的样子，糟了，若瑟夫这是要干什么？难道他想和那个穷鬼相认？都是这个该死的于勒，如果不是他，今天，我们的哲尔塞岛之行也不至于这么狼狈。

此时，若瑟夫紧紧盯着他眼前那张又老又穷苦的脸，递给于勒十个铜子的小费。这个若瑟夫，简直是疯了！拿十个铜子给这个人，给这个流氓！我怒火中烧，真想冲过去把若瑟夫拽回来，丈夫指着女婿对我使了个眼色……

后来，大家都不再说话。

这种改写，将菲利普夫人由第三人称改变为第一人称，增加了大量细腻的心理描写。这样的改写，可以让学生更好地走进菲利普夫人的内心深处，也能更深入地理解菲利普夫人的人物形象。

还有将第一人称改写成第三人称的，就是把作品主人公设定为"他"，这样的叙述视角便于故事的展开，全知全能，也称为"上帝视角"，这样的改写要注意把原作品中的心理活动和所见所闻改为第三人称转述，这样的写作视角更加冷静、客观。

例如学习《老王》时，通过设计下面改写活动，可以深入理解作者杨绛的情感。

例14：

《老王》改写活动

请将"老王送鸡蛋、香油（第8段）"这一片段中的第一人称改写成第三人称，体会作者的情感。

学生作品：

老王（改写成第三人称）

有一天，杨绛在家听到打门，开门看见老王直僵僵地镶嵌在门框里。她觉得往常老王坐在蹬三轮的座上，或抱着冰侧着身子进她家来，不显得那么高。也许老王平时不那么瘦，也不那么直僵僵的。此时，老王面色死灰，两只眼上都结着一层翳，分不清哪一只瞎，哪一只不瞎。说得可笑些，老王简直像棺材里倒出来的，就像她想象里的僵尸，骷髅上绷着一层枯黄的干皮，打上一棍就会散成一堆白骨。杨绛吃惊地说："啊呀，老王，你好些了吗？"

5.改变记叙顺序

记叙的顺序常见的有顺叙、倒叙、插叙、补叙等。顺叙，是按照事情发展的先后次序来叙述。例如《老山界》一文，就是按照时间的推移，记叙了红军翻越老山界的过程。倒叙，是根据表达的需要，把事件的结局或某个最突出的片段，提到文章的前面叙述，然后再按事件的发展顺序进行叙述。

这样先交代结果或突出的片段，可以吸引读者阅读。例如刘绍棠的《蒲柳人家》，开篇就写道：七月天，中伏大晌午，热得像天上下火。何满子被爷爷拴在葡萄架的立柱上，系的是拴贼扣儿。开篇设置悬念，全篇采用倒叙，能较好地吸引读者阅读。插叙，是在叙述中心事件的过程中，为了帮助展开情节或刻画人物，暂时中断叙述的线索，插入一段与主要情节有关的内容，然后再接着叙述原来的内容。插叙能够对文章进行有效的补充说明，使文章结构完整紧凑，情节一波三折，更加突出文章的中心和主题。例如鲁迅的《故乡》一文中就多处运用插叙。补叙，也叫追叙，是在文末用两三句话或一小段话对前面说的人或事做一些简单的补充交代，如《智取生辰纲》课文节选的最后一段，补充交代了吴用、晁盖等七人的姓名，并介绍了使用障眼法以瓢下药的经过，把文中故意"隐"去的部分"亮"出来，使读者恍然大悟，这就是补叙。

有时，恰当地改变记叙顺序，能够帮助学生快速厘清文章思路，体会文章布局谋篇的巧妙。

例如学习鲁迅的《故乡》时，笔者就设计了以下教学活动。

例15：

《故乡》教学活动

请删去文中插叙的内容，用简洁的语言复述故事，通过原文与改写文比较，体会插叙的作用。

故乡（改写）

我冒了严寒，回到相隔二千余里，别了二十余年的故乡去。

第二日早晨，我到了家门口。我的母亲很高兴，但也藏着许多凄凉的神情，她让我坐下，歇息，喝茶，但我们终于谈到搬家的事。我说外间的寓所已经租定了，又买了几件家具，此外须将家里所有的木器卖去，再去增添。母亲也说好，而且行李也略已齐集，木器不便搬运的，也小半卖去了，只是收不起钱来。突然，门外有几个女人的声音。母亲站起身，出去了。

"哈！这模样了！胡子这么长了！"一种尖利的怪声突然大叫起来。我吃了一惊，赶忙抬起头，却见一个凸颧骨，薄嘴唇，五十岁上下的女人站在我面前，两手搭在髀间，没有系裙，张着两脚，正像一个画图仪器里细脚伶仃的圆规。母亲说这是我家斜对门开豆腐店的杨二嫂。

一日是天气很冷的午后，我吃过午饭，坐着喝茶，觉得外面有人进来了，便回头去看。我看时，不由的非常出惊，慌忙站起身，迎着走去。

这来的便是闰土。虽然我一见便知道是闰土，但又不是我这记忆上的闰土了。他站住了，脸上现出欢喜和凄凉的神情；动着嘴唇，却没有作声。他的态度终于恭敬起来了，分明的叫道："老爷！……"

我似乎打了一个寒噤；我就知道，我们之间已经隔了一层可悲的厚障壁了。

他只是摇头；脸上虽然刻着许多皱纹，却全然不动，仿佛石像一般。他大约只是觉得苦，却又形容不出，沉默了片时，便拿起烟管来默默的吸烟了。

又过了九日，是我们启程的日期。闰土早晨便到了。我们终日很忙碌，再没有谈天的工夫。来客也不少，有送行的，有拿东西的，有送行兼拿东西的。待到傍晚我们上船的时候，这老屋里的所有破旧大小粗细东西，已经一扫而空了。

我们的船向前走，老屋离我愈远了；故乡的山水也都渐渐远离了我，但我却并不感到怎样的留恋……

（三）扩写训练

扩写就是根据文章内容，补充相应的情节或细节，使简略的原文内容更丰富，细节更感人，主题更清晰，使学生能更好地理解文章。扩写的方式一般有两种：一是根据情节需要，补充中间部分的内容；二是根据文章情节发展，扩写开头或结尾。扩写需要充分放开思路，展开想象，进行合理的创造，这样的创作可以训练学生的发散性思维的能力，而思维发展与提升的培养，是语文核心素养之一。

例如《赫耳墨斯和雕像者》这篇文章的教学设计如下。

例16：

《赫耳墨斯和雕像者》教学设计

一、教学目标

（1）通过抓关键字词快速阅读文章，概括故事情节。

（2）发挥联想和想象，补写心理活动，深入理解人物形象。

二、教学过程

以上两个教学目标都是紧紧围绕单元目标衍生出来的，围绕该教学目标，设计了以下教学活动。

活动一：资料助读

（1）介绍"寓言"和《伊索寓言》。

（2）介绍宙斯、赫拉、赫耳墨斯的背景知识，厘清人物关系。

活动二：速读感知

（1）速读课文，圈划关键词语，概括故事情节。

明确：通过抓住"赫耳墨斯""尊重""问""值多少钱"和"白送"五个关键词，概括文章内容。

（2）熟读课文，读出重音和停连，初步感知人物形象。

明确：读出"多大、问、笑、更、多少钱、白送"等词语的重音。读出"想知道、心想"词语的停连。

活动三：研读品评

请品读文章中赫耳墨斯与雕像者的三问三答，在前两次提问中添加恰当的心理活动，体会"笑"的含义，再尝试用四字词语归纳赫耳墨斯的人物形象。

以上的心理活动补写训练，是通过剖析人物的心理活动（如内心感受、意向、愿望、思想斗争……），挖掘人物的思想感情，理解人物内在的性格特征，直接指向学生联想和想象能力的训练，能较好地引导学生深入理解课文内容，进行深度学习，能有效落实单元目标中的核心知识目标。

又如笔者在执教史铁生的《秋天的怀念》一文时，为了帮助学生能更好地理解作者丰富的情感，设计了以下教学活动。

例17:

《秋天的怀念》教学活动

请结合文意，根据以下要求，添加适当内容，扩写最后一段。

要求：

（1）至少有一处景物描写。

（2）请揣摩作者当时的心理，添加适当的心理描写。

又是秋天，妹妹推我去北海看了菊花。……

学生作品：

又是秋天，妹妹推我去北海看了菊花。北海的菊花展，母亲生前曾带我看过无数次，那朵朵怒放的菊花，恰如母亲当时陪伴我的心情。

北海的菊花展，依旧热闹而喧腾。看，深秋金色的阳光，温暖而有些微的凉意，道路旁、角落里、湖水边……菊花正尽情吐露着芬芳，肆意绽放。黄色的花淡雅，白色的花高洁，紫红色的花热烈而深沉，泼泼洒洒，秋风中正开得烂漫。我和妹妹沉浸在这菊香浓浓的香甜世界里，忘了时间，也忘了烦恼。眼前，母亲的身影恍惚再现，瘦削的身影、花白的头发，还有愁容中勉强挤出的笑容，一切似乎依旧，可我仍然读出了母亲身上弥漫的浓浓的温暖和深深的担忧。

妹妹轻声说："哥，你看，菊花开了，真美！"

我想说："妹妹，我俩在一块儿，要好好儿活……"

三、指向信息筛选能力

《义务教育语文课程标准（2022年版）》中对第四学段学生信息筛选能力有如下阐述："阅读新闻和说明性文章，能把握文章的基本观点，获取主要信息。"

《基础教育课程改革纲要（试行）》中也谈道："改变课程实施过于强调接受学习、死记硬背、机械训练的现状，倡导学生主动参与、乐于探究、勤于动手，培养学生搜集和处理信息的能力、获取新知识的能力、分析和解决问题的能力以及交流与合作的能力。"而培养学生搜集和处理信息的能力，成为其他能力培养的基础，也是阅读能力培养的一块基石。

例如余映潮老师在《祖父的园子》（统编版小学语文课本五年级下册第2课）的教学中，用教师"写一半"，学生接着"写一半"的方法，概说课文内容。

例18：

祖父的园子（原文）

我家有一个大花园，这花园里蜜蜂、蝴蝶、蜻蜓、蚂蚱，样样都有。蝴蝶有白蝴蝶、黄蝴蝶。这种蝴蝶极小，不太好看。好看的是大红蝴蝶，满身带着金粉。蜻蜓是金的，蚂蚱是绿的。蜜蜂则嗡嗡地飞着，满身绒毛，落到一朵花上，胖乎乎、圆滚滚，就像一个小毛球似的不动了。

花园里边明晃晃的，红的红，绿的绿，新鲜漂亮。

据说这花园，从前是一个果园。祖母喜欢养羊，羊把果树给啃了，果树渐渐地都死了。到我有记忆的时候，园子里就只有一棵樱桃树、一棵李子树，因为樱桃和李子都不大结果子，所以觉得它们并不存在。小的时候，只觉得园子里边就有一棵大榆树。这榆树在园子的西北角上，来了风，榆树先呼叫，来了雨，榆树先冒烟。太阳一出来，榆树的叶子就发光了，它们闪烁得和沙滩上的蚌壳一样。

祖父整天都在园子里，我也跟着他在里面转。祖父戴一顶大草帽，我戴一顶小草帽；祖父栽花，我就栽花；祖父拔草，我就拔草。祖父种小白菜的时候，我就跟在后边，用脚把那下了种的土窝一个个地溜平。哪里会溜得准，不过是东一脚西一脚地瞎闹。有时不但没有把菜种盖上，反而把它踢飞了。

祖父铲地，我也铲地。因为我太小，拿不动锄头，祖父就把锄头杆拔下来，让我单拿着那个锄头的"头"来铲。其实哪里是铲，不过是伏在地上，用锄头乱钩一阵。我认不得哪个是苗，哪个是草，往往把韭菜当作野草割掉，把狗尾草当作谷穗留着。

祖父发现我铲的那块地还留着一片狗尾草，就问我："这是什么？"

我说："谷子。"

祖父大笑起来，笑得够了，把草拔下来，问我："你每天吃的就是这个吗？"

我说："是的。"

我看祖父还在笑，就说："你不信，我到屋里拿来给你看。"

我跑到屋里拿了一个谷穗，远远地抛给祖父，说："这不是一样的吗？"

祖父把我叫过去，慢慢讲给我听，说谷子是有芒针的，狗尾草却没有，只是毛嘟嘟的，很像狗尾巴。

我并不细看，不过马马虎虎承认下来就是了。一抬头，看见一个黄瓜长大了，我跑过去摘下来，吃黄瓜去了。黄瓜还没有吃完，我又看见一只大蜻蜓从旁边飞过，于是丢下黄瓜又去追蜻蜓了。蜻蜓飞得那么快跑，哪里会追得上？好在一开始我也没有存心一定要追上，跟着蜻蜓跑了几步就又去做别的了。采一朵倭瓜花，捉一个绿蚂蚱，把蚂蚱腿用线绑上，绑了一会儿，线头上只拴着一条腿，而不见蚂蚱了。

玩腻了，我又跑到祖父那里乱闹一阵。祖父浇菜，我也过来浇，但不是往菜上浇，而是拿着水瓢，拼尽了力气，把水往天空里一扬，大喊着："下雨啰！下雨啰！"

太阳在园子里是特别大的，天空是特别高的。太阳光芒四射，亮得使人睁不开眼睛，亮得蚯蚓不敢钻出地面来，蝙蝠不敢从黑暗的地方飞出来。凡是在太阳底下的，都是健康的、漂亮的。拍一拍手，仿佛大树都会发出声响；叫一两声，好像对面的土墙都会回答似的。

花开了，就像睡醒了似的。鸟飞了，就像在天上逛似的。虫子叫了，就像在说话似的。一切都活了，要做什么，就做什么，要怎么样，就怎么样，都是自由的。倭瓜愿意爬上架就爬上架，愿意爬上房就爬上房。黄瓜愿意开一个花，就开一个花，愿意结一个瓜，就结一个瓜。若都不愿意，就是一个瓜也不结，一朵花也不开，也没有人问它。玉米愿意长多高就长多高，它若愿意长上天去，也没有人管。蝴蝶随意地飞，一会儿从墙头上飞来一对黄蝴蝶，一会儿又从墙头上飞走一只白蝴蝶。它们是从谁家来的，又要飞到谁家去？太阳也不知道。

天空蓝悠悠的，又高又远。

可是白云一来，一大团一大团的，从祖父的头上飘过，好像要压到了祖父的草帽了。

我玩累了，就在房子底下找个阴凉的地方睡着了。不用枕头，不用席子，把草帽遮在脸上就睡了。

——选自萧红的《呼兰河传》，选作课文时有改动

PPT显示：

祖父的园子是一幅明丽的富有童话色彩的画，画里有树、有花、有菜、有庄稼、有蜻蜓、有蝴蝶、有蚂蚱、有小鸟、有风、有雨，还有太阳的光芒、云朵的影子……这是作者童年的乐园。

请根据教师前半部分的示范，学生续写后半部分。

该设计巧妙地将教学活动引向学生对文本《祖父的园子》中的写景对象这一有用信息的筛选，直接指向的是学生的信息筛选和语言再表达能力。

添加导读语也是训练学生信息筛选能力和语言概括能力的一种较好的方法。

导读语的位置一般在全书或全文开头。导读语的作用主要是用来阐述正文的主要内容和旨义，一般要求短小精悍，一篇好的导读语往往能够起到画龙点睛的作用。添加导读语，学生要在反复阅读文章的基础上，圈划重点语句，提炼关键信息，从而快速把握文章的主要内容和行文结构。

笔者在教学臧克家的《说和做——记闻一多先生言行片段》时，就设计了以下教学活动。

例19：

《说和做——记闻一多先生言行片段》教学活动

请默读课文，圈划文章关键语句，为文章重写一段导读语。

文章预习提示：闻一多既是充满爱国热情的诗人、学者，又是伟大的民主战士，毛泽东同志评价他："拍案而起，横眉怒对国民党的手枪，宁可倒下去，不愿屈服"。读课文，了解闻一多的事迹。

生默读，重写导读语。

全班交流，教师点拨。

教师最后出示自己重写的导读语：

闻一多不仅是一位充满爱国热情的诗人，他还是一位做了再说，做了不说的潜心于研究的学者，他又是一位"说"了就"做"，言论和行动完全一致的民主战士。他，是卓越的学者，是热情澎湃的诗人，是大勇的革命烈士。他，是言的巨人。他，是行的高标。

《说和做——记闻一多先生言行片段》是"农民诗人"臧克家所作，这篇文章不是人物传记，却记叙了闻一多先生的主要事迹，表现了他的崇高品格，高度赞扬了他的革命精神。作者用闻一多先生的"说和做"总领全文，上半部分写闻一多先生"做了再说，做了不说"，表现闻一多先生"学者的方面"；后半部分写闻一多先生"说"了就"做"，言行完全一致，表现闻一多先生"革命家的方面"。文章开头、中间和结尾的关键句使文章思路清晰，结构严谨。因此，在以上教学活动中，学生通过抓住关键句写导读语，能起到纲举目张的作用，从而快速厘清文章思路。这样直接指向文本关键句提炼的活动，是需要学生真正走进文本，进行语言提炼和再组合的活动；是训练学生的阅读、筛选信息能力的活动。这样的重写导读语的活动，是一次高效的集体训练活动。

又如有的老师在教学《昆明的雨》时，设计了如下教学活动。

例20：

《昆明的雨》教学活动中的活动一：遥望雨幕——感知雨

请同学们速读课文，为课文写一段自读提示。

要求：

（1）划出本文所写的主要景和物。

（2）把关键词串联起来，写一段话。

学生浏览课文，圈划，写作。

明确关键词：连绵不断、辟邪、鲜腴、吆喝、篱笆、格调、张目结舌、密匝匝、苔痕。

课堂交流展示之后，教师出示自己写的自读提示：

（连绵不断）的昆明的雨是有知觉的。它可以感到仙人掌（辟邪）之效，可以尝到菌子的（鲜腴）之味，可以听到卖杨梅女孩子的柔和（吆喝），还可以嗅到缅桂花的扑鼻浓香。坐下来，便是一幅画，画中绘有仙人掌代替的（篱笆），有吃到高（格调）炒菌子时的（张目结舌）；想起来，便是一首诗，诗中描有（密匝匝）的绿叶，默默生长的（苔痕）。这便是汪曾祺所怀念的昆明的雨，滋润了昆明人生活的雨。我们一起来感受吧。

教师出示的自读提示，巧妙地把课文后面"读读写写"中的生字词作为关键词语提供给学生，一是起到了提示内容的作用，降低了学生写作的难度；二是让学生在语境中对字词进行了巩固，是较灵活的字词教学，它克服了以往直接教读生字词的生硬和死板，又能很好地训练学生文本信息筛选能力。

四、指向阅读理解能力

阅读理解能力，首先是重要词句的理解，其次是重要内容的理解，再次是文章结构和表现形式的理解，最后是作者观点、思想的理解。

为了帮助学生较为准确地理解作者的观点和思想，我们可以在课中设计一些小练笔活动，让学生在实实在在的写作训练中加深对文本的理解。

例如有的教师设计的"一叶轻舟系一生"李清照诗词群文阅读课，教师选取了李清照的《如梦令》《一剪梅》《武陵春》三首诗词，要求学生理解诗词"舟"这一意象，把握作者的情感。

例21：

"一叶轻舟系一生"李清照诗词群文阅读课

活动一：品读诗词——知"舟"

（1）展示《如梦令》，标出节奏和语调，注意韵脚要拉长，语断而气连，读出韵味。

如梦令

常记/溪亭日暮，沉醉/不知归路。（语调平缓，愉悦）

兴尽↑/晚回舟，误入/藕花↑/深处↓。（语调上扬，喜悦）

争渡↑，争渡↑，惊起↑/一滩/鸥鹭↓。（语速稍快，自得）

老师范读，学生自由读，学生展示读。

（2）学生活动：分男女两组标出《一剪梅》《武陵春》的节奏和语调，圈出韵脚。

学生自由读，学生展示读。

点拨用语：语调低沉，语速平缓，读升语调时音量逐渐加大，韵脚要读得响亮而稍长。

（3）在中国的诗歌类型中，写景抒情诗占大部分，且语言含蓄，诗人往往不直接抒情，而是把感情寄托在某些具体的意象上，解读这类诗的意象是理解诗词最方便、最快捷的钥匙。

意——诗人主观的思想感情。

象——客观存在的景物事物。

这三首词，阐释了李清照前、中、后期的人生境遇，共同采用了同一个诗词意象，但表达的情感各不相同。请找出来这个诗词意象。

学生找出"舟"这个共同的诗词意象。

设计意图：书读百遍其义自见，让学生在抑扬顿挫的诵读中，初步感知诗歌内容，读准语调语气，把握诗词的感情基调。

活动二：理解意象——懂"舟"

教师范例：找出诗词采用的其他意象并解读，从而帮助解读"舟"这个意象，把握作者表达的情感。

一剪梅

红藕香残玉簟秋，轻解罗裳，独上兰舟。云中谁寄锦书来？雁字回时，月满西楼。

花自飘零水自流，一种相思，两处闲愁。此情无计可消除，才下眉头，却上心头。

意象：红藕、玉簟、兰舟、锦书、雁字、月、西楼、花、水。

情感语言：残、独、满、愁、此情无计可消除，才下眉头，却上心头。

思想感情：这首词营造了清冷孤寂的意境，表达了作者对爱人绵绵不尽的相思别愁之情。

学生活动：自选一首，找意象，解读意象，把握作者表达的情感。

教师明确：

《如梦令》：

意象：风、溪亭、日暮、舟、藕花、鸥鹭。

情感语言：常记、沉醉、兴尽、误入、争渡、惊起。

思想感情：这首词记叙了词人泛舟于清溪之上，观赏到藕花绽开、鸥鹭惊飞的美好景色，字里行间洋溢着青春的愉悦。

《武陵春》：

意象：风、花、梳头、泪、轻舟、舴艋舟。

情感语言：尽、倦、非、休、欲语泪先流、恐、载不动、愁。

思想感情：这首词借暮春之景，表达了词人内心深处的苦闷和忧愁。

师小结：在解读了诗词的意象之后，我们理解了作者所表达的情感。我们也知道了，《如梦令》里"舟"是轻快的青春之舟，《一剪梅》里的"舟"是孤独的爱情之舟，《武陵春》里的"舟"是凄惨的生命之舟。这三叶轻舟，维系着作者的一生，是她人生的写照。

活动三：把握情感——绘"舟"

我国诗词语言简练、含蓄、隽永，惜墨如金，句句含情，字字表意。读诗词后，若能在理解诗词的基础上，添加合适的想象，采用优美的散文形式，对诗词进行再创作，不失为一种把握作者情感的方式。接下来，让我们围绕"舟"这个意象，展开想象和联想，写一段优美的文字。

出示示例：

兴尽晚回舟，误入藕花深处——夕阳的余晖，如碎银洒落在水面，波光粼粼。微风徐徐，花香缕缕，我和女伴们在酒香中坐上归家的小舟，摇着桨，唱着歌儿，小舟如一尾鲤鱼在荷花丛里游动，我们的笑声点亮了黄昏的

灯。（添加环境描写、动作描写、心理描写等）

下面请大家放飞想象的翅膀，让我们围绕"舟"这个意象，基于词的感情基调，写一段优美的文字。

红藕香残玉簟秋，轻解罗裳，独上兰舟——

闻说双溪春尚好，也拟泛轻舟——

只恐双溪舴艋舟，载不动许多愁——

第三个活动环节，是在学生理解三首诗词中的共同意象"舟"之后，对词作进行再创造，该练笔活动可以让学生较好地体会词人的情感，同时因为缩小了范围，只围绕"舟"来描写，也可以让学生更深刻地理解"舟"这个意象在李清照不同的人生阶段里不同的内涵。

例如笔者执教《赫尔墨斯和雕像者》一文时，为了更好地引导学生理解文本内涵，走向深层次思考，设计了以下活动环节。

例22：

《赫尔墨斯和雕像者》活动环节

请以"一个银元是贵还是贱？"为题写一段探究性文字。

以上活动探究环节，是指向对文本内容的深层理解。如果简单地停留在课堂上学生说一说的层面，学生的思维还不能较好地向纵深拓展，而运用文字就能够很好地实现向思维深处的拓展。学生在写作过程中，能整理自己的思路，深化自己的认识，已达到了深度思考的层面，加上写作之后的交流，能较好地提高学生的认知水平。这样的学习活动，不缺乏对内容的理解，而内容的理解是写作表达的基础，因此这是指向学生核心能力的活动。

五、指向写作素材积累

俗话说"巧妇难为无米之炊"，学生怕写作文，很多时候是感觉无东西可写，厚积才能薄发，没有丰富的写作素材积累，往往会增加学生对写作的畏惧。于是，下雨送伞、生病送医院、半夜端来牛奶、给乞丐钱等就成了学生常写的素材。学生也会为难地说："我每天就是两点一线的生活，没有经历过什么新鲜的事情，实在不知道能写什么。"

其实，写作素材的来源不仅仅是亲身经历的生活，直接经验只是习作素材的一部分，更多的写作素材应该来自我们的间接经验，如阅读，阅读素材来源包括教材阅读和大量的课外阅读。

（一）来自教材阅读的写作素材积累

教材是一个宝藏，是一个巨大的资源海洋，如果我们能有一双慧眼，带着学生挖掘出更多文本背后隐藏的写作信息，寻找到更多冰山下的部分，对学生的写作思维的拓展、写作素材的积累是大有好处的。

例如笔者在教学时，就采用主题阅读"1+X"的群文阅读方式，给学生提供了两篇与"父亲"有关的美文：赵丽宏的《挥手》和张翔的《父亲的开胃酒》，刺激学生联想与自己父亲有关联的记忆信息。这种唤醒式阅读，能较好地积累更多优秀的写作素材。

例23：

如山的父爱

——《挥手》《父亲的开胃酒》主题学习教学设计

一、教学目标

（1）学会通过细节描写刻画人物的方法，正确理解人物情感。

（2）学会选取具体的意象抒发情感。

二、教学准备

（1）熟读两篇文章，勾画出生字词、注音和解释。

（2）批注关于人物的细节描写句。

三、教学过程

活动一：走进父亲

请速读两篇文章，用简洁的语言概括故事情节。

明确：《挥手》描述了"我"人生中的三次远足，父亲三次送别时挥手，让"我"感慨。

《父亲的开胃酒》描述了父亲吃饭前习惯喝一杯开胃酒，多年后作者才知道原来那酒是自来水，这杯开胃酒是父亲为了孩子能先吃饱吃好的善意的谎言。

活动二：品味父亲

（1）读《挥手》，批注文中描写父亲挥手的细节描写句，体会父亲的情感和形象。

（2）读《父亲的开胃酒》，批注文中描写父亲喝酒的细节描写句，体会父亲的情感和形象。

明确：

（1）《挥手》中父亲的情感有不舍、有担心、有难过、有伤感，还有骄傲和自豪。他是一个疼爱子女、对"我"充满期盼的父亲。

（2）《父亲的开胃酒》中父亲的情感有苦涩、有伤心、有思念，还有爱。他是一个负重内敛、有责任心、疼爱子女、善解人意的父亲。

活动三：抒写父亲

两篇文章，两位作者分别选取父亲的"挥手"和"开胃酒"作为抒写情感的意象，你还可以选取哪些意象（情感寄托物）写父亲（或母亲、爷爷、奶奶等）？请继续补写。

（1）自身：手、烟味……

（2）外在：酒、茶、车……

生补写素材，全班交流展示。

生补充的素材：父亲的坐骑、父亲的签名、母亲的唠叨、母亲的红色旗袍、母亲的银戒指、爷爷的斗笠、爷爷的普洱茶、奶奶的豆浆、奶奶的眼泪……

学生作品：

爷爷的笑

赶羊人慢吞吞地从青色的山包上走下来，把一只柔顺的羊儿牵到爷爷的大手中。

那只羊"咩咩"地叫起来，但不敢太大声，怯怯地颤着身体。

老一辈的执念，不杀生的年不算过了个好年。

爷爷衔住他那只黑色的烟斗，用拐杖往地上敲敲点点。

087

"爸，"父亲对爷爷喊道，"您还杀得了吗？"

爷爷生气了，混合着烟味的嘴里咕哝着。他那张被老人斑和皱纹占据的脸上，呈出一种不忿的孩子气。

"哪杀不了！我……"爷爷用拐杖在地上敲敲点点，转过身子到灶房去了。

当羊看见爷爷手上的长刀时，我也看见了父亲那高兴又担忧的神情。

爷爷板着他那张松弛下垂的脸，气哼哼地磨刀。这是他以往每年的任务。

我看着爷爷年老的身影，却又那么可爱与强壮，不禁呆住了，只晓得羊在叫唤，刀在发光。如果那只粗糙布满纹路的大手停止了磨刀，那就意味着羊的叫声不长了。

爷爷缓慢地，一下一下地磨着刀。他磨得很仔细，但又不许父亲帮忙。

我们一家人静静地在屋里坐着，安静地观看爷爷的表演。

爷爷好像被这黑压压的一群观众给鼓舞了，于是得意地对我们叫道："小孩子，上楼去！上楼去！"他那双明澈的眼睛里闪着些骄傲的笑意。

我转身之际，看见爷爷手中的刀，一下一下地被磨着，与背景的群山，形成了一张极好的剪影。

"老头子身体好啊，我不用太担心了。"父亲笑了。

我又看向不苟言笑的爷爷，他摆出那副傲然的样子，慢慢地用双手握好了刀柄，炫耀似的把第一刀砍得尤其漂亮。

他往我们这里一望，欣喜满足的眸中仿佛映出饭桌上热气腾腾，阖家欢乐的情景。

我入神地、定定地看着这个画面。他此刻的身影，那么老迈而笨拙，固执地立在群山青青之中，却是这么的亲昵熟悉。他眼中有层薄薄的光彩，使其衰老的肌肤上呈现出青春的光泽。

我铭记住这一切，这剪影，以及在丰盛的饭菜之上，在一片热雾之中，爷爷叼着烟斗的得意。他颔着首微微笑着，明澈的眼睛中闪着些许骄傲的和煦。

我看见，他的眼里有光，光影中是他亲自杀的羊，是一团热雾之中的我们。

他的嘴角，弯得很谨慎。

那是爷爷的笑。

（二）来自课外阅读的写作素材积累

写作需要充足的阅读量作为基础，大量的阅读能够为写作积累知识、语言和素材。教师在读写教学中，虽然要充分重视教材资源，但也不能仅局限于教材中，要主动发现和搜集优秀的课外文章，以增加学生的阅读量、扩大学生的知识面，为学生写作积累丰富的素材，使其在写作时不会遭遇"巧妇难为无米之炊"的困境。

例如笔者在引导学生阅读《竹膜》一文时，进行了以下的教学活动。

例24：

《竹膜》教学活动

活动一：概括故事情节

快速阅读报纸第一版《竹膜》一文，说说主要写了一件什么事情？请按照起因、经过、结果的顺序概括本文的主要情节。

生自主学习，准备，全班交流。

明确以下几个方面。

起因：肖林个头大，每顿饭只能吃个半饱。

经过：他用竹膜作假，吃到双份的饭菜。

结果：他被大师傅发现，反映到班主任那里，受到处分。

活动二：提炼关键词

请从该故事中提炼出一个关键词（可从故事主题、事件性质等方面入手）。

明确：撒谎或诚信。

师讲述由关键词联想到的相似的故事：肯德基优惠券过期。

起因：晚自习回家，因饥饿难耐，我冲进肯德基店。

经过：翻出前几天妈妈塞给我的肯德基优惠券，突然发现优惠券已经过期了，而身上的钱不够买一份打折前的套餐。

结果：经过剧烈的思想斗争，我走出肯德基店，毅然地将过期的优惠券扔进垃圾桶。

活动三：绘制思维导图

围绕关键词，联想更多相似的素材，绘制改变联想素材的思维导图，如图3-1-1所示。

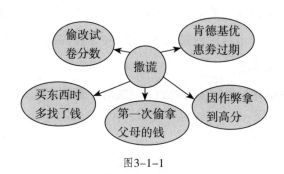

图3-1-1

事实证明，这样头脑风暴式的写作素材积累训练，让学生记忆中的场景和阅读中的场景产生关联，能较好地打开学生的写作思路，有效地唤醒沉睡在学生大脑中的生活记忆，从而有效地解决"写什么"的问题。

六、指向文章选材组材能力

写作的材料源自生活。我们日常所接触到的各类人物，遇到的各种事情，都可以成为写作时的直接材料；而读过的书籍、文章等，还可以为我们提供一些间接材料。当写作材料很丰富和繁杂时，我们要训练学生围绕中心，从不同角度选择典型材料。

学生在阅读张晓风的《有些人》一文时，笔者就设计了以下随文写作活动。

例25：

《有些人》随文写作活动

阅读《有些人》，请你另写一个片段，替换文中你认为不太合适的一个人物，并写出替换的理由。

有些人

张晓风

有些人，他们的姓氏我已经遗忘，他们的脸却恒常浮着——像晴空，在整个雨季中我们不见它，却清晰地记得它。

那一年，我读小学二年级，有一个女老师——我连她的脸都记不起来了，但好像觉得她是很美的。有哪一个小学生心目中的老师不美呢！也恍惚记得她身上那片不太鲜丽的蓝。她教过我们些什么，我完全没有印象，但永远记得某个下午的作文课，一位同学举手问她"挖"字该怎么写，她想了一下，说："这个字我不会写，你们谁会？"我兴奋地站起来，跑到黑板前写下了那个字。

那天放学，当同学们齐声向她说"再见"的时候，她向全班同学说："我真高兴，我今天多学会了一个字，我要谢谢这位同学。"

我立刻快乐得有如胁下生翅一般——我平生似乎再没有出现那么自豪的时刻。

那以后，我遇见无数学者，他们尊严而高贵，似乎无所不知。但他们教给我的，远不及那个女老师多。她的谦逊，她对人不吝惜的称赞，使我突然间长大了。

如果她不会写"挖"字，那又何妨，她已挖掘出一个小女孩心中宝贵的自信。

有一次，我到一家米店去。

"你明天能把米送到我们的营地吗？""能。"那个胖女人说。

"我已经把钱给你了，可是如果你们不送，"我不放心地说，"我们又有什么证据呢？""啊！"她惊叫了一声，眼睛睁得圆突突，仿佛听见一件耸人听闻的罪案，"做这种事，我们是不敢的。"

她说"不敢"两字的时候，那种敬畏的神情使我肃然，她所敬畏的是什么呢？是尊贵古老的卖米行业，还是"举头三尺即有神明"？

她的脸，十年后的今天，如果再遇到，我未必能辨认，但我每遇见那无所不为的人，就会想起她——为什么其他的人竟无所畏惧呢！

有一个夏天，中午，我从街上回来，红砖人行道烫得人鞋底都要烧起来似的。忽然，我看到一个衣衫褴褛的中年人疲软地靠在一堵墙上，他的眼睛闭着，黧墨的脸扭曲如一截枯根，不知在忍受什么。他也许是中暑了，需要一杯甘洌的冰水。他也许很忧伤，需要一两句鼓励的话。虽然满街的人潮流动，美丽的皮鞋行过美丽的人行道，但是没有人驻足望他一眼。

我站了一会儿，想去扶他，但我闺秀式的教育使我不能不有所顾忌，如果他是疯子，如果他的行动冒犯我——于是我扼杀了我的同情，让自己和别人一样漠然地离去。

那个人是谁？我不知道，那天中午他在眩晕中想必也没有看到我，我们只不过是路人。但他的痛苦却盘踞了我的心，他的无助的影子使我陷在长久的自责里。

上苍曾让我们相遇于同一条街，为什么我不能献出一点怜悯之情，为什么我有权漠视他的痛苦？我何以怀着那么可耻的自尊？如果可能，我真愿再遇见他一次，但谁又知道他在哪里呢？

我们并非永远都有行善的机会——如果我们一度错过。

那陌生人的脸于我是永远不可弥补的遗憾。

对于代数中的行列式，我是一点也记不得了。倒是记得那细瘦矮小、貌不惊人的代数老师。

那年7月，当我们赶到联考考场的时候，只觉得整个人生都摇晃起来，无忧的岁月至此便渺茫了，谁能预测自己在考场后的人生？想不到的是代数老师也在那里，他那苍白而没有表情的脸竟会奔波过两个城市在考场上出现，是颇令人感到意外的。

接着，他蹲在泥地上，捡了一块碎石子，为特别愚鲁的我讲起行列式来。我焦急地听着，似乎从来未曾那么心领神会过。泥土的大地可以成为那么美好的纸张，尖锐的利石可以成为那么流利的彩笔——我第一次懂得。他使我在书本上的朱注之外了解了所谓"君子谋道"的精神。

那天，很不幸的，行列式并没有考，而那以后，我再没有碰过代数书，我的最后一节代数课竟是蹲在泥地上上的。我整个的中学教育也是在那无墙无顶的课室里结束的，事隔十多年，才忽然咀嚼出那意义有多美。

代数老师姓什么？我竟不记得了，我能记得语文老师所填的许多小词，却记不住代数老师的名字，心里总有点内疚。

是啊，在生命的长河中总有一些人我们模糊了他们的面庞，忘记了他们的名字，但他们带给我的美好与触动不是比一个名字更有价值吗？

《有些人》分别选取了"我"读小学二年级时一位谦逊的女老师、一家米店心有敬畏的老板娘、夏天中午靠在一堵墙上的一个衣衫褴褛的中年人和联考前在泥地上为"我"讲行列式的代数老师四个人物。他们的姓氏作者已遗忘，但他们带给作者的美好和触动却被清晰地记得。但在阅读时，就有学生提出疑问，一个让"我"印象如此深刻的中学老师，怎么会忘记他的名字？还有，4个人物选取了2位老师，选材是不是有重复之嫌？

生要替换的片段：联考前在泥地上为"我"讲行列式的代数老师。

生的替换理由：一是觉得不够真实，二是要注意从不同角度选材，选取有代表性的人物，不能重复写不同阶段的老师。

例26：

学生替换片段展示

去年寒假，我偷得半日闲，到深圳书城购书。可当我双脚迈出店门的刹那间，锐利的警报声响起。检测器上的指示灯也发出了刺眼的红光。

有那么几秒，我就那么呆呆地站在那儿，全然不知道发生了什么，我明明买书付了钱，为什么先进的机器会说谎？到底是我的错还是机器的错？

等我清醒过来，才发现，一个身着制服的年轻的保安紧紧地盯着我，那目光像一把锋利的尖刀，刺得我全身发冷。原来，我是被他当成了一个小偷，一个光天化日之下偷书的小偷。

我涨红了脸，想极力证明自己不是小偷，可那张凶狠的脸庞，竟让我一个字也说不出来。

也许真是天无绝人之路，我东瞅西望竟看见我的购书小票正静静地躺在大理石地板上。我赶紧将它捡起，递给保安。我自己都可以想象到我此时脸上讪讪的表情。

却不想，年轻的保安一脸歉意地跟我说："小同学，误会你了，对不起，你可以走了。"

我红着脸点了点头。

选材是指写作时材料的选择，材料的选择与取舍决定着文章的质量，只有引导学生善于从丰富的材料中精选出最恰当的部分来表现中心，文章才能写好。本次随文写作训练，通过替换改写能有效解决学生选材时的一至两个困难，取材的真实性和典型性使这些写作知识内化于心，变为了学生写作的营养。

七、指向文章结构

思路，就是文章按照一定的条理来表达中心思想的脉络和路径，文章的思路隐含在文章的结构之中，一篇文章的结构就是文章思路的具体展现。

缩写训练不仅能培养学生概括、综合能力，还能有效训练学生把握文章要点、行文思路的能力。统编版教材九年级上册第四单元的写作训练就是"学习缩写"，教材中明确阐述缩写的几个特点：第一，缩写是在保持中心思想不变的前提下，压缩文章的篇幅，"把主要内容用自己的话说一遍"（吕叔湘语），但缩写不等于简单的"减少字数"，要遵循"保持主干，删除枝叶"的原则，确定取舍和详略。第二，"自成一文"是缩写的另一个要求。缩写而成的文章既是原文的缩微呈现，也是一篇独立的文章，因此要以自己的话为主，可适当摘取原句。行文时要注意语言的连贯、流畅，如果有摘引的语句，要使之与自己的话融为一体，保持文意畅通。如果原文结构非常清晰，关键语句显而易见，缩写时也可以摘引原句为主，连缀成篇。

例如笔者在指导学生阅读林清玄的叙事散文《过火》一文时，就采用缩写的方法，引导学生厘清文章的写作思路，学习"结构严谨"的技巧。

例27：

《过火》教学过程

活动一：速读文章，用简洁的语言概括文章的主要内容

明确：儿时因为弟弟的去世，"我"失去了生存的勇气，父母为了锻炼"我"的胆量，带"我"参加过火盛典，"我"从害怕到勇敢地走过火堆，感觉自己长大了。

活动二：细读文章，分析文章内容

文中除写了过火之外，还用大量笔墨写了哪些内容？请标注出来。

思考：删去这些内容是否可行？

活动三：欣赏缩写文

请参照深圳中考满分作文标准，阅读《过火》缩写文，明确何为"结构严谨"。

师出示《过火》缩写文。

过火（改写）

林清玄

是冬天刚刚走过，春风蹑足敲门的时节，天气像是晨荷巨大叶片上浑圆的露珠，晶莹而明亮，台风草和野姜花一路上微笑着向我们招呼。

爸爸牵我左手，妈妈执我右手，在金光万道的晨曦中，我们终于出发了，去赶一场盛会，一场过火的盛典。一路上远山巅顶的云彩千变万化，我们对着阳光的方向走去，爸爸雄伟的体躯和妈妈细碎的步子伴随着我。

抵达小镇的时候，广场上已经聚集了黑压压的人头，沸腾的人声与笑语嗡嗡地响动。

咚咚呛呛，柴火慢慢小了，剩下来的是一堆红通通的火炭，裂成大大小小一块块，堆成一座火热的炭山。我想起爸爸要我走火堆，看热闹的心情好像一下子被水浇灭了。

随着锣鼓与脚踩的乱蹦乱跳，我的心变得仓皇异常，想到自己要迈入火堆，像是陷进一个恐怖的海上噩梦，抓不到一块可以依归的浮木。

"阿玄，轮到你了。"妈妈用很细的声音说。

爸妈推着我就要往火堆上送。我抬头望望他们，央求地说："爸，妈，你们和我一起走。"

爸妈由不得我，便把我架走到火堆的起点。

"我不要，我不要——"我大声号哭起来。

"没出息。我怎么会生出这种儿子，今天你不走，我就把你打死在火堆上。"爸爸的声音像夏天午后的西北雨雷，嗡嗡响动，我抬头看，他脸上爬满泪水，重重把我摔在地上，跑去抢起道坛上的蛇头软鞭，"啪"一声抽在我身旁的地上，溅起一阵泥灰。

"我打死你！"我从来没看过爸爸暴怒的面容，他的肌肉纠结着，头发扬散如一头巨狮，虎目如电穿刺我的全身。

四周是可怕的静寂。

我突然想起爸爸辛苦荷锄的身姿，猛地站起，对爸爸大声说："我走，我走给你看。"

第一步跨上去，一道强烈的热流从我脚底窜进，贯穿了我的全身，我的汗水和泪水全滴在火上，一声嗤，一阵烟。

我什么都看不见，仿佛陷进一个神秘的围城，那是一段很短的路，而我竟完全不知它的距离，不知它的尽处。

踩到地的那一刻，土地的冰凉使我大吃一惊，哦——一声，全场的人都欢呼起来，爸爸妈妈早已等在这头，两个人抢抱着我，终于号啕地哭成一堆。

爸爸疯也似地紧抱我，像要勒断我的脊骨。

那一天，那过火的一天，我们快乐地流泪走回家。

猛然间，我感到自己长大了。

我终于明白，成长路上，我们不能退缩，因为我们要单独去过火，即使亲如父母，也有无能为力的时候。

生围绕中考评分标准讨论删改的理由。

全班展示交流。

师小结"结构严谨"的技巧：

结构严谨很简单，写好一事最关键。

时间跨度小为宜，情节安排显波澜。

人物形象集中写，承接过渡要自然。

要想避免太杂乱，过多枝叶皆可删。

文体不同，缩写时的注意点也应有所不同。缩写叙事类文章，要保留原文中的主要人物和主要情节，删减原则是不影响中心情节；如果原文情感丰富，独具韵味，缩写时不宜将其缩成干枯的概要。缩写说明性文章，要保留体现说明对象主要特征的内容，遵循原文的说明顺序，适当保留解释性的词句，以便读者理解，但不必呈现太多的说明方法。缩写议论类文章，要突出原文的论点，体现论证的思路，论据可择要保留，对论据中的叙述成分要进行较大幅度的压缩。

比如笔者在教学《苏州园林》时，采用缩写的方法，引导学生把握文章清晰的结构，并体会"苏州园林"这一说明对象的特点。

例28：

苏州园林（缩写）

我觉得苏州园林是我国各地园林的标本，各地园林或多或少都受到苏州园林的影响。因此，如果谁要鉴赏我国的园林，苏州园林就不该错过。

苏州各个园林在不同之中有个共同点，似乎设计者和匠师们一致追求的是：务必使游览者无论站在哪个点上，眼前总是一幅完美的图画。为了达到这个目的，他们讲究亭台轩榭的布局，讲究假山池沼的配合，讲究花草树木的映衬，讲究近景远景的层次。总之，一切都要为构成完美的图画而存在，决不容许有欠美伤美的败笔。

苏州园林里都有假山和池沼。假山的堆叠，可以说是一项艺术而不仅是技术。至于池沼，大多引用活水。苏州园林栽种和修剪树木也着眼在画意。高树与低树俯仰生姿。落叶树与常绿树相间，花时不同的多种花树相间，这就一年四季不感到寂寞。游览苏州园林必然会注意到花墙和廊子。有墙壁隔着，有廊子界着，层次多了，景致就见得深了。

游览者必然也不会忽略另外一点，就是苏州园林在每一个角落都注意图画美。苏州园林里的门和窗，图案设计和雕镂琢磨功夫都是工艺美术的上品。苏州园林与北京的园林不同，极少使用彩绘。

可以说的当然不止以上这些，这里不再多写了。

笔者在执教统编版教材八年级下册《社戏》一文时，为了引导学生体会"一波三折"的审美效果，并能在写作实践中运用"一波三折"的技巧写出事情的波澜，设计了如下教学活动。

例29：

《社戏》教学活动

一、教学目标

（1）学习本文"一波三折"的写法。

（2）能在写作实践中运用"一波三折"的技巧写出事情的波澜。

二、教学过程

活动一：默读课文，概括故事

生默读文章，在书中圈划。

明确：儿时，"我"和平桥村的几个小朋友夜晚去赵庄看社戏。

活动二：再读课文，品味情节

思考：文章除写了去赵庄看社戏以外，还写了哪些内容？

生自主学习，全班交流。

明确：

（1）"我"在平桥村受到的优待。

（2）去赵庄看戏前的诸多困难。

（3）看戏归来途中偷豆、煮豆。

（4）六一公公第二天送豆。

活动三：比较阅读，体会作用

思考：这些情节与标题"社戏"好像并无关联，能否删去？

师出示改写文，与原文对比，体会这些内容的作用。

社戏（改写）

在平桥村，我所第一盼望的，却在到赵庄去看戏。

记得那日，一出门，便望见月下的平桥内泊着一支白篷的航船，大家跳下船，双喜拔前篙，阿发拔后篙，年幼的都陪我坐在舱中，较大的聚在船尾。母亲送出来吩咐"要小心"的时候，我们已经点开船，在桥石上一磕，退后几尺，即又上前出了桥。于是架起两支橹，一支两人，一里一换，有说笑的，有嚷的，夹着潺潺的船头激水的声音，在左右都是碧绿的豆麦田地的河流中，飞一般径向赵庄前进了。

两岸的豆麦和河底的水草所发散出来的清香，夹杂在水气中扑面的吹来；月色便朦胧在这水气里。淡黑的起伏的连山，仿佛是踊跃的铁的兽脊似的，都远远地向船尾跑去了，但我却还以为船慢。他们换了四回手，渐望见依稀的赵庄，而且似乎听到歌吹了，还有几点火，料想便是戏台，但或者也许是渔火。

那声音大概是横笛，宛转，悠扬，使我的心也沉静，然而又自失起来，觉得要和他弥散在含着豆麦蕴藻之香的夜气里。

那火接近了，果然是渔火；我才记得先前望见的也不是赵庄。那是正对船头的一丛松柏林，我去年也曾经去游玩过，还看见破的石马倒在地下，一个石羊蹲在草里呢。过了那林，船便弯进了叉港，于是赵庄便真在眼前了。

最惹眼的是屹立在庄外临河的空地上的一座戏台，模胡在远处的月夜中，和空间几乎分不出界限，我疑心画上见过的仙境，就在这里出现了。这时船走得更快，不多时，在台上显出人物来，红红绿绿的动，近台的河里一望乌黑的是看戏的人家的船篷。

"近台没有什么空了，我们远远的看罢。"阿发说。

这时船慢了，不久就到，果然近不得台旁，大家只能下了篙，比那正对戏台的神棚还要远。其实我们这白篷的航船，本也不愿意和乌篷的船在一处，而况并没有空地呢……

在停船的匆忙中，看见台上有一个黑的长胡子的背上插着四张旗，捏着长枪，和一群赤膊的人正打仗。双喜说，那就是有名的铁头老生，能连翻八十四个筋斗，他日里亲自数过的。

　　我们便都挤在船头上看打仗，但那铁头老生却又并不翻筋斗，只有几个赤膊的人翻，翻了一阵，都进去了，接着走出一个小旦来，咿咿呀呀的唱，双喜说，"晚上看客少，铁头老生也懈了，谁肯显本领给白地看呢？"我相信这话对，因为其时台下已经不很有人，乡下人为了明天的工作，熬不得夜，早都睡觉去了，疏疏朗朗的站着的不过是几十个本村和邻村的闲汉。乌篷船里的那些土财主的家眷固然在，然而他们也不在乎看戏，多半是专到戏台下来吃糕饼、水果和瓜子的。所以简直可以算白地。

　　然而我的意思却也并不在乎看翻筋斗。我最愿意看的是一个人蒙了白布，两手在头上捧着一支棒似的蛇头的蛇精，其次是套了黄布衣跳老虎。但是等了许多时都不见，小旦虽然进去了，立刻又出来了一个很老的小生。我有些疲倦了，托桂生买豆浆去。他去了一刻，回来说，"没有。卖豆浆的聋子也回去了。日里倒有，我还喝了两碗呢。现在去舀一瓢水来给你喝罢。"

　　我不喝水，支撑着仍然看，也说不出见了些什么，只觉得戏子的脸都渐渐的有些稀奇了，那五官渐不明显，似乎融成一片的再没有什么高低。年纪小的几个多打呵欠了，大的也各管自己谈话。忽而一个红衫的小丑被绑在台柱子上，给一个花白胡子的用马鞭打起来了，大家才又振作精神的笑着看。在这一夜里，我以为这实在要算是最好的一折。

　　然而老旦终于出台了。老旦本来是我所最怕的东西，尤其是怕他坐下了唱。这时候，看见大家也都很扫兴，才知道他们的意见是和我一致的。那老旦当初还只是踱来踱去的唱，后来竟在中间的一把交椅上坐下了。我很担心；双喜他们却就破口喃喃的骂。我忍耐的等着，许多工夫，只见那老旦将手一抬，我以为就要站起来了，不料他却又慢慢的放下在原地方，仍旧唱。全船里几个人不住的吁气，其余的也打起呵欠来。双喜终于熬不住了，说道，怕他会唱到天明还不完，还是我们走的好罢。大家立刻都赞成，和开船时候一样踊跃，三四人径奔船尾，拔了篙，点退几丈，回转船头，架起橹，骂着老旦，又向那松柏林前进了。

　　月还没有落，仿佛看戏也并不很久似的，而一离赵庄，月光又显得格外的皎洁。回望戏台在灯火光中，却又如初来未到时候一般，又漂渺得像一座仙山楼阁，满被红霞罩着了。吹到耳边来的又是横笛，很悠扬；我疑心老旦已经进去了，但也不好意思说再回去看。

不多久，松柏林早在船后了，船行也并不慢，但周围的黑暗只是浓，可知已经到了深夜。他们一面议论着戏子，或骂，或笑，一面加紧的摇船。这一次船头的激水声更其响亮了，那航船，就像一条大白鱼背着一群孩子在浪花里蹿，连夜渔的几个老渔父，也停了艇子看着喝采起来……

生讨论，全班交流。

明确作用：

（1）"我"在平桥村受到的优待。（平桥优待，为下文写看社戏埋下伏笔）

（2）去赵庄看戏前的诸多困难。（看戏波折，侧面表现"我"的渴望，为下文写看社戏做铺垫）

（3）看戏归来途中偷豆、煮豆。（归途插曲，能更好地刻画人物形象，丰富故事情节）

（4）六一公公第二天送豆。（看戏余波，能更好地刻画人物形象，突出文章主题）

师小结：情节"一波三折"的方法有埋伏笔、做铺垫、设悬念、造巧合、形突转、添插曲、摹心理、先贬抑……

活动四：仿写波折，学会运用

思考：如果让你模仿《社戏》写一个让你印象深刻的事件，你会如何制造波澜？

生动笔写出思路，全班交流。

以上教学设计，就是一节典型的读写结合的课例，教师从阅读文本中开发出对学生有用可学的写作资源，通过设计系列读写活动，由概括品读到写作实践，实现了由读到写的贯通，这样的课堂，对学生的阅读和写作能力的提升是有显著效果的。

"随文写作"需要教师进行扎扎实实的研究，让写作训练意识能渗透到我们每天的语文教学之中，让读写结合更加实效、更加稳健。

第二节 "随文写作"教学案例

"千古壮词，一片丹心"群文阅读教学设计

【壮词三首】

江城子·密州出猎
苏轼

老夫聊发少年狂，左牵黄，右擎苍，锦帽貂裘，千骑卷平冈。为报倾城随太守，亲射虎，看孙郎。

酒酣胸胆尚开张。鬓微霜，又何妨！持节云中，何日遣冯唐？会挽雕弓如满月，西北望，射天狼。

渔家傲·秋思
范仲淹

塞下秋来风景异，衡阳雁去无留意。四面边声连角起，千嶂里，长烟落日孤城闭。

浊酒一杯家万里，燕然未勒归无计。羌管悠悠霜满地，人不寐，将军白发征夫泪。

破阵子·为陈同甫赋壮词以寄之

辛弃疾

醉里挑灯看剑，梦回吹角连营。八百里分麾下炙，五十弦翻塞外声，沙场秋点兵。

马作的卢飞快，弓如霹雳弦惊。了却君王天下事，赢得生前身后名。可怜白发生！

【教学目标】

1.品味字词，赏析语言，深刻体会作者的情感。

2.通过比较阅读，感受壮词的特点。

【教学重难点】

重点：赏析语言，深刻体会作者的情感。

难点：通过比较阅读，感受壮词的特点。

【教学过程】

活动一：猜读·积累

（1）学生观察三张图片，由"猜猜他们是谁"导入。

（2）学生大声齐读三首诗词，解决生字词，猜猜作者的身份，要求从文中找依据。

生字词积累：擎、貂裘、嶂、羌、麾、的卢。

生朗读、交流暗示作者身份的句子。

明确作者的诗句。

《江城子·密州出猎》：为报倾城随太守。

《渔家傲·秋思》：将军白发征夫泪。

《破阵子·为陈同甫赋壮词以寄之》：醉里挑灯看剑，梦回吹角连营。

明确作者的身份。

苏轼：太守。

范仲淹：将领。

辛弃疾：闲人（闲居家中）。

（3）（师出示背景介绍）请在相应的介绍后填上合适的诗文作品，并说出你的理由。

活动二：品读·赏析

（1）请批注赏析下列三首词中描写场面的句子。（师出示场景描写句）

（2）请批注赏析下列三首词中抒写抱负的句子。

用"我从（词语、句子、标点）中，读出了（　　　）的情感"说话。

（3）用"从这首词中，我读出了这是一个（　　　）的词人"说话。

师小结：壮词的特点是有宏大的场面描写，抒发豪情壮志，用词壮丽而不纤巧。

活动三：创作·运用

为了增加诗文表现力，请你任选一首词配上相应的图画，写一个设计说明呈现你的配图构思，有条件的学生可以直接把图画画出来。

最后，用一副对联结束今天的课程：

忆当年，驰骋四方，一腔热血洒苍穹，

看今朝，困守一隅，万丈豪情付水流。

活动四：课后作业

课外积累：背诵苏轼《念奴娇·赤壁怀古》和岳飞《满江红·怒发冲冠》。

【教学实录】

（一）猜读·积累

师：三首壮词的作者分别是谁？

生（齐）：苏轼、辛弃疾、范仲淹。

师：现在我们开始第一个活动——根据图片猜作者。

PPT显示：范仲淹及其诗句的图片。

生（齐）：范仲淹。

师：对，大家是怎么发现的？

生（齐）：先天下之忧而忧，后天下之乐而乐。

师：对了，同学们特别聪明，因为你们关注到了诗文。也就是说你们是通过诗文猜出了作者是范仲淹。

PPT显示：苏轼及其诗句的图片。

生（齐）：苏轼。

师：我们一起把这首诗读一下。

生（齐）：水光潋滟晴方好，山色空蒙雨亦奇。欲把西湖比西子，淡妆浓抹总相宜。

师：这首诗是我们小学学过的，大家一下子就猜出来了。第三个作家看同学们能不能猜到。

PPT显示：辛弃疾及其诗句的图片。

生（齐）：辛弃疾。

师：屏幕上这首诗是辛弃疾的《南乡子·登京口北固亭有怀》，以后我们会学到。

师：现在我们一起诵读这三首壮词，读的时候思考一个问题：通过这三首壮词猜一下作者的身份，要在诗中找依据。

（生齐读三首壮词）

师：大家可以猜出词人的身份吗？说说你是从哪一句话里猜出来的。

生1：第一首诗，我觉得苏轼可能是一个城的太守或者是知州。从"为报倾城随太守"中可以看出来。

师：从"太守"一词可以看出来苏轼的身份。苏轼是哪里的太守？

生1：密州。

师：好，从标题"密州出猎"中可以看出来，看来你们认真看书了，继续，谁来猜猜范仲淹和辛弃疾的身份。

生2：我觉得范仲淹应该是一个将军。因为词中有"四面边声连角起"，可以看出这是驻守边关的将军。

师：我还以为你会猜是征夫呢，因为后面有一句"将军白发征夫泪"。是不是将军我们等下来揭晓答案。第三首诗的作者是辛弃疾，他又是什么身份呢？

生3：我认为辛弃疾是一位退休的老兵，最后一句说"可怜白发生"，而且前面描写的都是沙场上阅兵的部分，我觉得他曾经是将士。

师：说将领更准确，不过现在是闲居在家。

PPT显示：

苏轼：太守。

范仲淹：将领。

辛弃疾：曾经的将领，现闲居家中。

师：这个环节结束，大家应该对作者的身份完全清楚了。屏幕上显示了与词作相关的背景介绍，我们找一下相应的作品。

PPT显示：

这首词作于公元1075年（神宗熙宁八年），作者在密州（今山东诸城）任知州。熙宁三年（1070年），西夏大举进攻环、庆二州。熙宁四年，陷抚宁诸城，西北边事紧张。出猎对于作者这样的文人来说，或许是偶然的一时豪兴，但他平素报国立功的信念却因这次小试身手而得到鼓舞，以至信心十足地要求前赴西北疆场弯弓杀敌了。

（生齐读，通过关键词思考答案）

生4：我觉得这是《江城子·密州出猎》的写作背景，从"出猎对于作者这样的文人来说"和"在密州任知州"可以看出。

师：答对了，苏轼的词中明确写到了密州，所以这就是《江城子·密州出猎》的写作背景。我们来看第二个背景介绍。

PPT显示：

宋康定元年（1040年）至庆历三年（1043年）间，作者任陕西经略副使兼延州知州。据史载，在他镇守西北边疆期间，既号令严明又爱抚士兵，并招徕诸羌推心接纳，深为西夏所惮服，称他"腹中有数万甲兵"。该作品就是他身处军中的感怀之作。

（生齐读）

生5：我觉得这应该是辛弃疾的《破阵子·为陈同甫赋壮词以寄之》的写作背景，因为背景里有"既号令严明又爱抚士兵"，而词中"八百里分麾下炙"，把肉分给部下，可以看出他很爱护士兵。

师：她觉得这是辛弃疾的，但是我们刚刚猜作者的身份时发现范仲淹和辛弃疾都是将领。这首诗究竟是谁的呢？有没有同学有不同的意见？

生6：从"该作品就是他身处军中的感怀之作"可以猜出，应该是范仲淹的《渔家傲·秋思》。

师：她抓的关键词很对，这首诗是在军中的感怀之作，那应该是《渔家傲·秋思》。而辛弃疾是已经闲居了的将领。好，我们再来看看下一个。

PPT显示：

这首词是作者失意闲居信州（今江西上饶）时所作。作者21岁时，就在家乡历城（今山东济南）参加了抗金起义。起义失败后，他回到南宋，当过许多地方的长官。他安定民生，训练军队，极力主张收复中原，却遭到排斥打击。后来，他长期不得任用，闲居近二十年。公元1188年，作者与陈亮在铅山瓢泉会见，即第二次"鹅湖之会"。此词当作于这次会见又分别之后。

（生齐读）

师：已经选了两个了，这个就很容易了。来，大家一起说。

生（齐）：《破阵子·为陈同甫赋壮词以寄之》。

师：这个背景介绍里已经告诉我们陈同甫是陈亮，而且这是作者在失意闲居信州时所作，他的战争生活是年轻时候的生活。这个写作背景是辛弃疾的《破阵子·为陈同甫赋壮词以寄之》，应该没有异议了吧？

师：好，第一个环节结束。我们会发现，这是我们读诗文的一个重要方法——知人论世。知道是什么意思吗？就是想深入了解诗文，要先了解作者的经历与写作背景。我们以后读古诗文也可以尝试用这种办法。

设计意图："知人论世"是古诗文学习最基本的方法，直接出示知识和用活动推进显然有不同的教学效果。"兴趣是最好的老师"，通过"猜作者""猜身份"和"猜作品"的"三猜"活动设计，其目的是让学生了解相关的文学常识，明确写作背景，勾起学生对这三首词的学习兴趣，激发学生的阅读期待，为下面深入走进文本做了很好的铺垫。

（二）品读·赏析

师：这节课的品读赏析分两个小组同时进行。第一个组赏析场面描写的句子，第二个组赏析抒写抱负的句子。我先示例场面描写的赏析。

PPT显示：

示例1：沙场秋点兵。

赏析："秋"即秋高马壮之时，交代阅兵的时间，"点兵"出征，预示了战无不胜的前景。"沙场秋点兵"预示激战马上开始，烘托出了那种天地始肃、杀戮之气漫于四野的氛围，同时表现了作者胸怀大义势必战无不胜的坚定信念。

角度：可从语言表达（是否运用修辞、有无特殊句式、精妙词语运用）、内容情感、写作方法等角度赏析作品。

师：我选取"沙场秋点兵"一句，从语言表达和内容情感的角度进行赏析。下面我给出了一些角度，如语言表达、内容情感、写作方法等。我们继续看抒写抱负的句子。

PPT显示：

示例2：了却君王天下事，赢得生前身后名。可怜白发生！

赏析："可怜白发生！"中的感叹号表达了词人在南宋统治下，收复祖国山河的壮志无从实现的强烈的悲愤之情。

角度：可从句子、词语、标点等角度赏析。

师：老师赏析的是"了却君王天下事，赢得生前身后名。可怜白发生！"，大家看看我是从什么角度赏析的？是标点！"可怜白发生"与前面想象的场景形成强烈的对比，是通过感叹号表现出来的。感叹号表达了词人在南宋统治下，收复祖国山河的壮志无从实现的强烈的悲愤之情，感叹号表示强烈的情感。

师：我们课前预习已经进行了批注赏析，那现在我们小组内先交流一下各自的批注，并补充完善。

（生小组讨论，师下场指导）

师：（3分钟后）请赏析场面描写的同学先分享，好不好？

（师随机请一位举手的同学发言）

生7：我批注的是《江城子·密州出猎》的第一句，"老夫聊发少年狂，左牵黄，右擎苍，锦帽貂裘，千骑卷平冈"。其中的"千骑"写出了出巡队伍的声势浩大，"卷"字形容了速度十分快捷，写出了诗人的意气风发。

师：他抓住了关键词，一个是"千骑"，一个是"卷"，说明当时出巡的队伍是浩浩荡荡的，很有画面感。特别好！

生8：我赏析的是"四面边声连角起，千嶂里，长烟落日孤城闭"。首先我认为这个句子是作者以一种上帝视角来描写的，第一句点明了声音，从四面八方传来边塞声，让人立刻身处边塞的辽阔之地。其次，"千嶂里"又点明了这个地方山峦层叠。最后再用"长烟""落日""孤城"这三个词点明了行军路上的寂寥，透露出作者内心的孤独。这个句子先描写了声音，再层层递进地写到画面，写出了作者内心的感受。

师：她刚才说用上帝视角，是觉得上帝在俯瞰大地，是吗？很好。她还说有声音、有画面，是从听觉、视觉来描绘画面的。其实我还想问问大家，刚刚这个同学说"孤城闭"写出作者的内心寂寥，哪个字能看出来呢？

生8："闭"字。

师：为什么城门紧闭？

生8：这个"闭"字就显示出他们处于战乱之中，城门紧闭，体现出当时战事紧张。

师：这样解读就更详细了。还有一点就是，"孤"是不是也可以看出边城的沉寂啊？好，还有哪位同学要赏析场面描写的吗？

生9：我赏析的是"八百里分麾下炙，五十弦翻塞外声，沙场秋点兵"。"八百里分麾下炙"从侧面体现了将士齐心，"五十弦"指许许多多的乐器，"翻"显示了声势的浩大，预示了将士们将在战场上奋勇杀敌，保家卫国的决心。

师：这写的是激烈的战斗生活吗？

生9：这是预示他们将在战场上奋勇杀敌，这句话描写的是军队的检阅。

师："沙场秋点兵"是军队的检阅，前两句写将士们在分吃牛肉，听边塞奏乐，这是对战事还没开始时的军营生活的描写。我们继续，有人赏析抒写抱负的句子吗？

生10：我批注的是"何日遣冯唐？"。一个问号表达了作者对国家的忠诚，带着一点期盼，还有无奈，说明作者希望朝廷对自己再次委以重任，希望可以重新回到沙场，为国杀敌。

师：这里运用了一个典故，你能给大家讲一下相关的故事吗？

生10：我记得是魏尚点错了杀敌人数，上报给朝廷，然后就被撤职了，后来皇帝派冯唐去解救魏尚。

师：那这句话的意思就是，什么时候皇帝才能像当初汉文帝派冯唐去解救魏尚一样来解救我呢？这叫用典，用典是在古诗文中委婉含蓄地表达情感的一种常用的方法。她关注的这个问号，说明作者特别渴望重新回到朝廷建功立业。

生11：我找的是"鬓微霜，又何妨！"。表现出作者不在乎自己的岁数，只想报效祖国。

师："又何妨"，后面是什么标点？

生11：感叹号，更加突出他想报答祖国的决心与毅力。

师：大家知道苏轼写这首词的时候多大年纪吗？其实苏轼写这首词的时候才40岁，是正值壮年的时候，他说自己是老夫，然后又鬓微霜，这些能不能把苏轼心中的郁闷表现出来？

（众人点头）

师：刚才这个同学关注到了感叹号，很好。继续。

生12：我赏析的是"西北望，射天狼。"首先，我们可以看出这首诗散发出一种狂气，结尾本应该用一个感叹号来使这种情绪上升到最高潮，但是他却用句号收尾，我觉得这表现了狂气一去不复返，从这个句号表达了作者的肃穆、庄严和自信。

110

师：他认为狂气有所收敛了。问一下，"天狼"是什么啊？

生12：是天狼星，在这里指的是西夏敌人。

师：诗人他是想射西夏的敌人，在这里作者展示了他想保家卫国，建功立业的雄心壮志。

生13：我赏析的是"浊酒一杯家万里，燕然未勒归无计。羌管悠悠霜满地，人不寐，将军白发征夫泪"。"浊酒一杯家万里"展现了将军和士兵的思乡之情，"燕然未勒归无计"体现的是作者渴望建功立业的情感。

师："燕然未勒归无计"也是运用了典故，东汉时窦宪率兵打败匈奴，一直追击到燕然山，刻石记功而还。现在他们还没有记下功绩，说明他们还没有建功立业，所以还不能回去，回家是没有归期的。

生13："羌管悠悠霜满地"，霜应该是象征伤感，所以可以看出将士们的心情是凄凉、深沉的。

师：我们要求赏析抒写抱负句，而"羌管悠悠霜满地"是场面描写句。

生13："将军白发征夫泪"表现了作者的英雄气概，还有生活的艰苦。

师：你能不能说一下"将军白发征夫泪"是什么意思？

生13：它用了互文的修辞手法，将军和征夫的头发都白了，流下了眼泪。

师：对，这是互文，不能翻译成"将军白了头发，征夫流下眼泪"。这个眼泪是思乡的眼泪。好，请坐。

师：大家都展示了自己批注的内容，我觉得大家都说得特别好，因为今天的赏析很多同学都关注到了关键词和标点，真正读到文本深处去了。好，这节课的赏析环节到此结束。那我们来看看这两个空，能不能快速地填上。

PPT显示：

用"壮"组词，然后填写在下面括号里：（　　　　）的场面、（　　　　）的抱负。

师：我们请今天发言同学最少的小组按照座位顺序来回答。

生14：壮阔的场面。

生15：壮丽的场面。

生16：壮志难酬的抱负。

生17：壮观的场面。

师：我们来看看老师填的。雄壮、壮阔、壮烈的场面，悲壮、豪壮的抱负。还可以接着填下去。擅长用宏大的场面描写，抒发作者的豪情壮志，用词壮丽而不纤巧，这就是壮词。

PPT显示：

（雄壮、壮阔、壮烈……）的场面。

（悲壮、豪壮……）的抱负。

师：今天我们学习了这三首壮词，这三位词人身上都有一个共同的特点，大家发现没有？

生18：我读出了两个共同特点，一个是都有报效祖国的心理、愿望，还有一个是不能圆梦的遗憾。

师：不能圆梦的遗憾，就是我们所说的壮志难酬。他说了两个，还有补充的吗？

生19：都有被贬的经历，平生都不得志。

生20：都积极乐观，有博大的胸襟。

师：你们都发现了他们身上特点的共性，我们一起来看一下屏幕。

PPT显示：

勤政爱民、爱国忠君、胸襟开阔、有远大的抱负、忧国忧民、渴望为国杀敌、壮志难酬……

设计意图：语文课应该是不断创造机会让学生走进语言文字深处的过程，从而实现学生与文本的对话。该语言品读环节，学生在赏析诗句的过程中，通过抓关键词和标点快速理解课文，既是对阅读方法的渗透，又是在创造机会让学生反反复复、入情入境地走进文本，解读文本，师生在对话中向着水草丰茂的地方行进。

（三）创作·运用

师：接下来进行第三个活动——创作和运用。我知道我们班有很多写作高手，请大家任选一首词，配上相应的图画，写一个设计说明呈现你的配图构思，有条件的可以直接把图画画出来。老师来教教大家怎么写设计说明。

PPT显示：

示例3：《江城子·密州出猎》设计说明。

配图名称：盛装围猎图。

画面介绍：画的中央，一位两鬓微白却有着少年般豪情的、着锦帽貂裘的太守，正骑着一匹剽悍威武、长鬃飞扬的白色骏马，奔腾在一望无际的原野之上，紧紧跟随着长长的狩猎队伍的猎犬，正欢快地向前奔跑，还有那只欲展翅高飞的苍鹰，正昂首挺胸睥睨群雄……

师：先写一个名称，再介绍画面。看着我的示范，大家都会写了吗？给大家一点时间准备一下，组织一下语言。

（生动笔写作）

生21：我选的是《破阵子·为陈同甫赋壮词以寄之》的节选。配图名称是红色点兵图。排排号角，传出悠长深沉的鸣声，荡漾在千里之外。一个个沙丘似的帐篷绵延起伏，一股肃杀之气，混合着血腥的空气，在苍茫的大地中作威作福。大地接连燃起熊熊烈火，像盛开的血红色的玫瑰似的，美丽中深藏着激烈，那是在平静中不可触摸的欢悦。战旗还在凛冽的晚风中飘扬，军营中将士们分享着大块烤熟的牛肉，篝火的热情和牛肉的飘香，在军营中弥散，将军们豪言壮语，举杯作乐，士兵们在吃肉，塞外声声雄壮的乐歌，让大地为之震动。秋高气爽，凉风习习，壮怀激烈，正是点兵之时。战场上千万铁骑奔驰，漫天尘土，奏响厮杀拼搏的乐章。马声嘶鸣，铁骨铮铮，踏过的路是用热血争出来的。一声弦音，破天而出，如霹雳惊起千涛骇浪，数千只箭矢正雕弓拉满。

师：好，谢谢。这位同学平时就爱写作，短短的时间就能写出这么一大段文字，一个是描写的画面很立体，二是文采飞扬，为你点赞。

生22：我写的可能没有她这么好。我选的是《渔家傲·秋思》，配图名称是秋思图。秋天降临，边塞的风光与江南风光有所不同。大雁又飞回了衡阳，一点也没有停下来的意思。黄昏时，号角吹起，边塞特有的声音从四面八方传来。崇山峻岭里，夕阳西下，炊烟缓缓而升，一座座城门紧闭。一杯

113

浊酒，思绪万千，想起家乡。此时战事未平，功名未立。羌笛的声音隐隐约约，寒冷的天，霜菊满地，在外征战的人仍然难以入睡，将军、征夫们都白了头发，泪流满襟。

师：刚刚这位同学非常谦虚啊，刚好也代表了我们十七班的整体形象，低调内敛，才华横溢。这是一段有声有色的描写。还有人要展示吗？

生23：我选的也是《渔家傲·秋思》，配图名称是孤城落日图。极目眺望，无数的黑旗在远处来回驰骋，远处长河上有一轮浑圆的血色落日。孤城中长烟正直直地刺向昏黄的天空。不知从何处吹响了集结的号角，士兵们仓促的脚步声回荡在宽阔的营地里。

师：这名同学用了很多很有感染力的动词，如"刺"就充满了动感。我每次在看你们创作的文字时，都感到非常享受。今天因为时间关系，没有给更多同学展示的机会，但是我希望大家能够在课后坚持练笔，成就最好的自己。最后，我想用一副对联来结束今天的课程。

PPT显示：

忆当年，驰骋四方，一腔热血洒苍穹；

看今朝，困守一隅，万丈豪情付水流。

（全班有感情地齐读）

师：大家的情绪饱满，看来大家都理解了词人的一片丹心。最后，留给大家一个作业。

PPT显示：

课外积累背诵两首壮词，苏轼的《念奴娇·赤壁怀古》和岳飞的《满江红·怒发冲冠》。

师：这节课就上到这里，谢谢大家。

设计意图：为诗词配上插图，并写上设计说明。这个环节的设计主要是通过描绘壮词中的画面，让学生对词中的思想情感有更深刻的认识。写设计说明，这样的实用写作训练，既可以培养学生的鉴赏能力，也可以训练学生的写作能力，可谓一箭双雕。

【教学反思】

搭建学习支架，实现课堂生长

群文阅读是一种新的阅读教学方式，也是一种能真正为课堂增容、为阅读提速的新型语文课堂模式。和传统的单篇阅读教学相比，教师更需要具有整合课程的能力、文本解读的能力、教学设计的能力和沟通对话的能力。

这是一节古诗文阅读课，也是一节以"壮词"为线索开发的群文阅读课，短短的45分钟内，既要引领学生读懂三首"壮词"，还要由单篇走向同一类型的文章，认识"壮词"的共同特点，更要培养学生的听说读写思能力，对教师来说这是一种挑战。如何实现这一目标？以下是从本节课教学带来的反思。

（一）用精巧的活动蓄势铺垫

在设计教学环节时，教师应该着重考虑学生怎样才能学得好。要以"学的活动"为基点，教学环节就是组织学的活动。"知人论世"是一种基本的古诗文的学习方法，直接出示知识和通过活动推进显然有不同的教学效果，一个是被动地接受知识，一个是主动地参与学习。"兴趣是最好的老师"，在课堂初始的"猜读·积累"环节，通过"猜作者""猜身份"和"猜作品"这样的"三猜"活动设计，让学生了解了相关的文学常识，明确了写作背景，勾起了学生对这三首词的学习兴趣，这样的背景支架又能有效激活学生的思维，调动学生的阅读期待，在不经意间给学生丰富的信息，为下面深入走进文本做了很好的铺垫和蓄势。特别是在"猜身份"环节，教师反复强调要在诗中找依据，始终引领学生在文本中去发现，这样，所有的发现都不是脱离文本的泛泛而谈，这是有关作家作品的知识积累，也是初步感知文本的过程。

（二）用充裕的时间走进语言

古诗文群文阅读，既要有文化的高度，同时要着眼于细节，避免教学时浮于文本表面甚至游离于文本之外。作为阅读教学，在一节课里面，能让学生与文本语言发生多少次新鲜的接触，这是决定教学成败的重要因素。因为语言是语文课的DNA，教学缺乏语言性，那就绝对不是语文课，单篇课文如此，主题阅读亦如此，如果主题学习只有内容话题，没有知识元素，其意义可能仅仅是扩大了阅读量，而引导学生学习语言、发展语言、培养语感这些语文教学最基本的任务可能就难以实现。

在语文的核心素养中，语言建构与运用是语文核心素养的重要组成部分，也是语文素养整体结构的基础层面。学生语言建构与运用的水平是其语文素养的重要表征之一。

那么，语言建构与运用如何在语文课中有效落实？一是要给学生创设丰富的语言实践活动。通过积累、品析、梳理和整合，逐步掌握祖国语言文字的特点及其运用规律，形成个体的言语经验，在具体的语言情境中正确有效地运用祖国语言文字进行交流沟通。二是要给予学生充裕的接触感知语言的时间。我们要培养节约时间的意识，提高学习效率，把更多教师讲的时间还给学生。本节课在"品读·赏析"环节，通过课前自主批注、课中小组讨论和全班交流分享，实现师生、生生之间的对话交流，对于文本的细读，教师从关键句子和标点两个角度进行示范，为学生赏析搭建支架，成功地引导学生从关注重点句子、关键词语到关注标点。这个环节的设计，这些教学策略的选择，都是为了完成语文课程的任务，是为了完成语文教学特点及语文教学的规律，实现了学生与文本多机会、深层次的接触，将课堂真正还给学生，让学生成为学习的主体、学习的主人。

（三）用扎实的训练提升能力

锻炼学生的语言表达能力——怎样准确生动地表达出学生自己对文本的认识，从而实现语文知识的积累、语文能力的培养和发展，是语文教师在每一节语文课中都应该思考的。

在"创作·运用"环节，教师一如既往地让学生充分地活动，留给学生完整的写作训练时间，而不是把课堂当作个人秀的场所。为词作配上插图并写一段设计说明，对于这种实用性的写作训练，学生由于平时接触过少而导致写作起来会有一定难度，教师通过"配图名称+画面介绍"这种任务分解的方式，并通过实例示范，巧妙地为学生搭设操作支架，降低写作的难度，让原本较困难的实用写作训练，因为教师对学情有充分的预设，而较好地突破了这一教学难点。这个写作训练环节，是对画面的再想象和再描写，是对壮词内容进一步理解感悟的过程，也是认知的内化和升级。真正的学习力不是知识的积累，而是认知的升级和内化。

当然，课堂永远是遗憾的艺术，本节课由于要学习三首壮词，课堂容量大，时间显得仓促，有些环节的展示没有充分展开，学生没有充分表达自己的认识和感受，这是群文阅读课常常会面临的一个难题，这需要我们不断去探索和突破。

总之，精心设计活动，巧妙搭设支架，给予充足时间，进行各项训练，让学习真正发生，让学生在课堂实现真正的生长，这样的课才算是一节好课。

（深圳市龙华区民治中学教育集团初中部　戴蓉）

《大雁归来》教学设计

【教学目标】

1.通过圈点勾画关键词语，筛选提炼信息，完成知识小短文的写作。

2.通过品味作者抒情的语言，感受作者的浪漫情怀。

3.学习作者求真严谨、理性思考的科学精神。

【教学重难点】

重点：

（1）筛选提炼信息，快速读懂文章。

（2）学习抒情笔法，理解作者情感。

难点：通过筛选提炼，进行语言再表达，完成知识小短文的写作。

【教学过程】

活动一：一个热心的观察家

（1）速读课文，圈画出交代大雁生活习性的语句，将段落内容补充完整。

（2）利用课文内容，用平实的语言，完成一篇介绍大雁生活习性的知识小短文。

活动二：一个敏锐的思想家

文中哪些文字是作者观察之后的敏锐思考？这些思考流露出作者怎样的情感？请在文中画出作者对孤雁思考的句子，并批注作者的情感。

（可关注一些提示结论的关键词）

活动三：一个造诣极深的文学巨匠

本文是一篇富有文学色彩的科学观察笔记，文中哪些词语或句子富有文学色彩，能体现作者浓烈的情感？请批注第4、9段。

课堂小结： 抒情笔法的语言技巧。

作业布置：

必做题：请仿照《春水涌起》，另选一个你喜欢的生物进行片段仿写。

选做题：阅读《沙乡年鉴》。

板书设计：

大雁归来

利奥波德（美）

观察家　　　　（科学性）

思想家

文学巨匠　　　（文学性）

【教学实录】

（一）对话导入

师：同学们，你们知道大雁的家乡在哪里？

生（齐）：西伯利亚。

师：大雁的家乡为什么不是在深圳呢？

生（齐）：因为深圳太暖和了。

师：是的，大雁的家乡在寒冷的西伯利亚。大雁是秋天南飞、春天北返的候鸟，据说它还能传递书信，因此很容易牵动人们的羁旅情思，古今诗词歌赋中经常可以看见大雁的身影，那么，在科学家笔下，大雁是什么样的？今天，让我们一起走进美国生态学家利奥波德的《大雁归来》，感受一位科学家的浪漫情怀。

设计意图：轻松的对话式导入能迅速拉近和学生之间的距离，有效缓解公开课上学生的紧张情绪，营造一种轻松、安全的课堂氛围。

（二）学习准备

师：首先我们一起来积累两组雅词。

PPT显示：

积累一组两字词语。

雾霭（ǎi）　缄（jiān）默　迁徙　滑翔　狩（shòu）猎　喧嚷

邀请　枯燥　稀疏　弥漫（mí màn）　窥（kuī）探　凋（diāo）零

（生齐读2遍）

师：请拿出笔写写以下两个易错字，迁徙的"徙"、枯燥的"燥"。

PPT显示：

积累一组四字词语。

目空一切：一切都不放在眼里，形容骄傲自大，什么都看不起。文中指鸟群专注地高高飞翔的姿态。

偷偷摸摸：形容瞒着别人做事，不敢让别人知道。

有益无损：指只有益处，没有损害。

（生齐读1遍）

师："他自恃才高，目空一切，从不把我们这些人放在眼里。"这里的"目空一切"是褒义还是贬义？

生：贬义。

师：那课文中该词的感情色彩呢？

生（齐）：11月份南飞的鸟群，目空一切地从我们的头上高高飞过，即使发现了它们所喜欢的沙滩和沼泽，也几乎是一声不响。

生：褒义。

师：大雁不把猎杀他们的人类放在眼里，表示一种谴责和批评，包含着对大雁的赞美，这叫贬义词褒用。下面，我们正式走进今天的学习。

PPT显示：

链接一　利奥波德，美国著名的生态学家。代表作《沙乡年鉴》，是他一生观察、经历和思考的结晶，对美国的环境保护影响很大。他被称为"一个热心的观察家，一个敏锐的思想家，一个造诣极深的文学巨匠"。

（生齐读，师提示关注标注红色的语句）

生再读：他被称为"一个热心的观察家，一个敏锐的思想家，一个造诣极深的文学巨匠"。

（师板书）

PPT显示：

链接二　威斯康星法规。秋季到来年春季为狩猎期，3月后结束狩猎，进入禁猎期。

（生齐读）

设计意图：大量的字词积累，作家、作品等资料的链接能为学生正式走进下面的学习活动做好充分的准备。

（三）活动一：一个热心的观察家

师：首先，我们一起来认识作为一个观察家的作者。速读课文，圈画出交代大雁生活习性的语句，将下面段落的内容补充完整。

PPT显示：

（1～5段）　　　　　迁徙

（6段）　　　　　　（　　　）

（7～8段）　　　　　群飞

（9～10段）　　　　（　　　）

（11～13段）　　　　联合

（生默读课文，圈画关键词语）

师：下面我请一位同学上台板书你对段落内容的补充。

一名学生上台板书：

（6段）　　　　　　　　　（觅食）

（9～10段）　　　　　　　（集会）

师：刚才该同学对大雁的2个生活习性的概括是否准确？

生：准确。

师：大家有没有想过她的答案为什么和老师写的一模一样？

生：因为她是从文中提取的关键词语。

师：下面，我们再继续挑战新的任务：用平实的语言写一篇小短文，大家觉得有挑战吗？

生：有。

师：有就对了，我们学习的过程就是一个不断挑战的过程。

PPT显示：

利用课文内容完成一篇介绍大雁生活习性的知识小短文。

要求：用平实的语言条理清晰地介绍大雁的生活习性。

师：我们可以用替换法和直接提取的方法完成知识小短文的写作。这个写作任务有3点要求：用平实的语言、条理清晰、介绍大雁的生活习性。下面的时间交给你们，先各自准备，然后我们交流。

（生准备）

师：时间到了，可能有些同学还没写完，没关系，没写完的同学口头表达出来即可，谁是最勇敢的那个先行者呢？老师好期待。同学分享时，大家要认真听，等会我会点人说说他们介绍了大雁的哪些生活习性。

生：大雁是笔直飞行的，它们到达了目的地，会到刚刚收割的玉米地里捡食玉米粒。4月的夜晚，大雁在沼泽地集会时会发出鸣叫声。大雁的联合观念已经有很长一段时间了。

师：她介绍了大雁的哪些生活习性？

生：她介绍了大雁的觅食、飞行和联合观念。

师：这位同学能准确提炼出关键信息。好，同学们可以继续分享了。

生：我在刚才同学介绍的基础上补充几句：大雁的飞行和鸣叫很频繁，而且声调忧郁。它们是六只或以六的倍数组成的雁队。

师：她补充了大雁的哪些生活习性？

生：飞行的队列和大雁的鸣叫。

师：大雁的鸣叫很频繁，声调很忧郁吗？

生：不是，是孤雁。

师：对，不是大雁，是孤雁，我们知识小短文写作的准确介绍很重要。

生：我补充的是大雁每年3月开始迁徙，准备归来，要飞行200英里才能到达目的地。

师：补充介绍了大雁的迁徙时间和迁徙路程，非常好。刚才同学们在分享时都能按照我们的要求去完成：用平实的语言进行表达。我们把刚才几个同学的发言合在一起，我们的一篇知识小短文写作是不是就完成了？

PPT显示：

大雁归来（小短文）

每年3月，大雁开始迁徙，每次迁徙要经过1～2个月的时间。大雁迁徙途中大多在夜间休息，一般选择在沙滩和沼泽地。到了目的地，先到的大雁就会向后面的雁群传递信息。大雁一般以玉米粒为主要食物。大雁飞行时通常是由六只或以六的倍数组成的雁队，呈直线笔直飞行，偶尔出现一只孤雁，它的飞行和鸣叫会很频繁。这就是我了解的大雁。

（生齐读）

师：你们有没有想过，为什么作者对大雁的生活习性如此熟悉呢？我们为什么写不出来这样的文章？齐读下面这段文字，你们就明白了。

PPT显示：

链接三　为了更好地体验和研究生态平衡，1935年4月，利奥波德在威斯康星河畔购买了一个废弃的农场。在此后的十几年里，这个被称作"沙乡"的地方就成了他和家人亲近自然的世外桃源。在这里他写出了《沙乡年鉴》，《大雁归来》就是其中的一篇。

（生齐读）

师：阅读这段文字，你们会想起谁？

生：法布尔。

师：为什么？你们从哪里发现的？

生：购买了一个废弃的农场。

师：法布尔为了完成《昆虫记》，倾尽所有积蓄购买了荒石园，他用一生的时间记录了一个昆虫世界，而利奥波德是用一生的时间记录了一个生物世界。原来，科学的记录是建立在长久观察的基础上的。我们继续下面的活动。

设计意图：该活动环节中，学生不仅仅要筛选信息、完成信息的检索，还要通过提炼信息重新组合，完成平实说明文的写作训练，这样再组合式的动笔能让学生正确区分平实说明文和生动说明文不同的语言风格。

（四）活动二：一个敏锐的思想家

师：作者作为一个生态学家，不仅仅有大雁的观察记录，还有不少自己长时间细心观察之后的思考，也就是"推测与分析"，那么，文中哪些文字是作者观察之后的敏锐思考？这些思考流露出作者怎样的情感？先看老师给出的示范。

PPT显示：

通过对春雁集会日常程序的观察，人们注意到，所有的孤雁都有一种共性：它们的飞行和鸣叫很频繁，而且声调忧郁（观察）。于是人们就得出结论：这些孤雁是伤心的单身（思考）。

（生齐读）

师：作者观察到的现象是它们的飞行和鸣叫很频繁，而且声调忧郁，那么作者得出了什么结论？

生：这些孤雁是伤心的单身。

师：为什么得出"伤心的单身"这个结论？

生："它们是丧失了亲人的幸存者。"表达作者对大雁的怜悯和对枪杀大雁者的愤恨。

师：作者对人类的愤慨，大雁失去亲人是因为人类的枪杀。

123

师：大家发现没有，这些思考是建立在作者用眼睛看、用耳朵听等长期观察的基础上的。下面，请找出其他段落中作者对孤雁思考的句子，并批注情感。

师：第几段也是写孤雁的呀？

生：第8段。

师：那你们按照刚才我们学习的方法分别标注出作者观察和思考的语句，并思考表达了作者什么情感。

（生准备）

生：第8段中写作者观察的文字是：我和我的学生注意到每支雁队组成的数字。六年之后，在对孤雁的解释上出现了一束不曾预料的希望之光。从数字分析中发现，六只或以六的倍数组成的雁队要比偶尔出现一只多得多。写作者思考的文字是：换句话说，雁群是一些家庭，或者说是一些家庭的聚合体，而那些孤雁正好大致符合我们先前所提出来的那种想象，它们是丧失了亲人的幸存者。单调枯燥的数字竟能进一步激发爱鸟者的感伤。

师：由观察到思考有一个关键词，是哪一个？

生：换句话说。

师：那你从这些文字中读出了作者对孤雁的什么情感呢？

生：对孤雁的同情和伤心。

师：请你再读一读，读出同情和伤心。

（生再读）

师：本文不只是写对孤雁的情感，因为孤雁只是大雁这一群体中一个特殊的群体而已，你从文章的字里行间中还能读出作者的哪些情感？

生：我从第11段"1943年的开罗会议上人们发现，各国之间的联合是不可预期的"，我读出了作者对大雁联合观念的一种赞赏。

师：人类有联合观念吗？

生：没有，作者对人类没有联合观念有一种失望。

师：人类没有联合，只有战争，这是对人类没有联合观念的一种不满、一种批判。

生：第9段写大雁集会时的各种声音。这段文字运用排比写出了当时集会的场面非常热闹，运用拟人的手法，通过"发言""谈论"等词语，写出了作者对大雁的喜爱。因为作者的喜欢，他才会有耐心去认真聆听大雁的各种声音。

师：作者为什么能把声音写得如此有层次，如此的细致入微，使我们读起来兴致盎然呢？该同学认为是因为作者喜爱大雁，所以才会用心去听，而我们普通人可能对这些声音是比较麻木的。

PPT显示：

对大雁的喜爱和赞美

对大雁命运的关注

对人类猎杀大雁这一行为的批判

对人类没有联合观念的不满

……

（生齐读）

师：同学们，观察、推测与分析是科学研究的基本方法，"观察+思考"是学习科学观察笔记常见的方法，以后我们阅读这类文章可以采用这种阅读方法，就能快速读懂文章、理解作者的情感。

下面，我们进行今天的第三个活动。

设计意图：该教学环节让学生划出哪些是观察、哪些是思考的文字，是引导学生学习科学观察笔记一般的写作范式："观察+思考"，了解"观察、推测与分析是科学研究的基本方法"，从而教给学生这一类文章的阅读方法，并通过作者的思考正确理解作者的情感。

（五）活动三：一个造诣极深的文学巨匠

师：课后阅读提示写道：阅读时欣赏作者的抒情笔法，感受作者的浪漫情怀。什么是"抒情笔法"？就是字里行间饱含深情。本文是一篇富有文学色彩的科学观察笔记，文中哪些词语或句子富有文学色彩，能体现作者浓烈的情感？请精读第9段进行批注。

PPT显示：

在4月的夜间，当天气暖和得可以待在屋外时，我们喜欢倾听大雁在沼泽中集会时的鸣叫。在那儿，有很长一段时间都是静悄悄的，人们听到的只是沙锥鸟扇动翅膀的声音，远处的一只猫头鹰的叫声，或者是某只多情的美洲半蹼鹬从鼻子里发出的咯咯声。然后，突然间，刺耳的雁叫声出现了，并且带着一阵急促的、混乱的回声。有翅膀在水上的拍打声，有蹼划动发出来的声音，还有观战者们激烈的辩论所发出的呼叫声。随后，一个深沉的声音算是最后发言，喧闹声也渐渐低沉下去，只能听到一些模糊的、稀疏的谈论。

师：大家关注一下这段文字中标红的文字，有什么发现？

生：运用了拟人的手法。

PPT显示：

该段中作者运用拟人的手法，如"辩论""呼叫""发言""谈论"等词语，写出了大雁集会的热闹场面，声音有高有低，有喧闹有安静，从多层次写出了大雁的声音，细致入微，情趣盎然，表现了作者观察的仔细和对大雁的喜爱之情。

师：精读第4段，在书上批注富有文学色彩的词语，体会作者的情感。因为之前有预习，下面，我们前后两排为一个学习小组，交流一下你的批注，在书上再完善一下自己的批注。

（小组讨论交流，生完善批注）

生："它们顺着弯曲的河流拐来拐去，穿过现在已经没有猎枪的狩猎点和小洲，向每个沙滩低语着，如同向久别的朋友低语一样。它们低低地在沼泽和草地上空曲折地穿行着，向每个刚刚融化的水洼和池塘问好。"这段文字运用拟人的手法，写出了大雁的活泼和快乐。

师："拐来拐去""曲折地穿行着"，富有人情味，还写出了大雁的机敏。

生：我找的是这一句："一触到水，我们刚到的客人就会叫起来，似乎它们溅起的水花能抖掉那脆弱的香蒲身上的冬天。我们的大雁又回来了。"这一段中的"又"和"客人"体现了作者对大雁的尊重，以及对大雁归来有一种亲切的感觉。

师：该同学的语感非常好。一个"又"字你还能读出什么情感？

生：我还能读出春天也回来了。

师：表达了作者的一种喜悦之情。

生：还有对大雁的期待。

师："我们的大雁又回来了。"如果让你改一下标点，你会用什么标点？

生：我会用感叹号，表达一种强烈的情感。

PPT显示：

我们的大雁又回来了。

我们的大雁又回来了！

（生齐读，比较两句情感的不同）

师：大家刚才齐读时重读了"又"，表达了一种惊喜。

师："我们刚到的客人"和"我们的大雁"中能否去掉"我们"？

生：不能去掉，"我们"表达了大雁是我们人类的朋友。

师：这个词表达了我们和大雁之间的一种亲密关系，大雁就是作者的亲人、朋友。作者认为大雁和人类息息相关，是一体的，因为作者是一位环保主义者，他是我们近代的环保之父。

PPT显示：

用特殊的称呼说明在作者眼中大雁是亲人、是朋友，写出了作者和大雁之间的亲密关系，表达了作者对大雁的喜爱之情。

（生齐读）

师：那么，诗意化的抒情笔法有哪些表达技巧呢？请看老师的小结。

PPT显示：

诗意化的抒情笔法表达技巧。

多种修辞

精妙动词

大量修饰语

特殊称呼

……

师：正是因为作者运用了这些方法，说明文才能变得生动有趣起来。下面，让我们一起有感情地朗读这首小诗。

PPT显示：

大雁归来

你看，

它们低低地，

在沼泽和草地上空，

曲折地穿行着，

向每个刚刚融化的水洼和池塘问好。

在我们的沼泽上空，

做了几次试探性的盘旋之后，

它们白色的尾部，

朝着远方的山丘，

终于慢慢扇动着黑色的翅膀，

静静地向池塘滑翔下来。

（生齐读）

师：这段文字是老师创作的，你们同意吗？

生：不同意。

师：为什么呀？

生：因为它就是文章里面的文字。

师：对，老师只是在形式上做了一下变形，目的是再次体会作者诗意化的抒情语言。

PPT显示：

春水涌起（四月）

大雁对春水的着迷是不动声色的，如果不是熟悉它们平日里叽喳闲谈的人，很可能就会忽略过去。而鲤鱼的热忱就明显得多，一眼就能看得出来。当渐渐涌起的春水刚刚沾湿草根，它们便感受到了，像猪儿见到了牧草一般，无比激动地四处翻拱、满地打滚，红的尾，黄的肚，鳞光闪闪。它们急于探索这个扩张了的宇宙，游过马车道和牛道，向芦苇和灌木摇鳍问好。

......

（生齐读）

师：大家猜一猜，这段文字出自哪里？

生：《沙乡年鉴》。

师：这些文字是不是和课文有相同的语言风格？多么优美生动的语言，《沙乡年鉴》的序言中提到"失去的东西"，作者一直在积极倡导人类去寻找那些失去的东西，寻找人与自然相处的真谛，强烈推荐大家课后阅读这本书。

PPT显示：

《沙乡年鉴》：作者分12个月记录了在贫瘠荒凉的沙乡农场一年四季的物候风景、生活趣事，细致描摹了各种生物的生存状态，表达了对自然的尊重和对人与自然关系的全新思考。

（生齐读）

师：今晚的作业，必做题：请仿照《春水涌起》，另选一个你喜欢的生物进行片段仿写。选做题：阅读《沙乡年鉴》。下课。

设计意图：语言才是语文课的DNA，语文教学最基本的任务是学习语言、运用语言、培养语感，语文课要带着学生走进语言文字深处。因此，该语言品析活动是引导学生关注作者个性化的语言特点，感受作者的浪漫情怀。

【教学反思】

从"教课文"走向"教语文"

这节课我以"一个热心的观察家，一个敏锐的思想家，一个造诣极深的文学巨匠"作为教学的切入点，也作为本课的线索，设计教学活动。这三个活动逐层推进，通过阅读印证，一方面加深学生对作者的了解，另一方面通过这三个活动的学习带着学生多次走进文本，让学生与文本有更多更深的接触，从而实现由"教课文"真正走向"教语文"。短短45分钟的课堂教学带给我的有开心也有遗憾，也引发了我更多的思考。

（一）这篇文章我应该教什么

第一，考虑文体特点

实用文章阅读与文学作品阅读有不同的阅读方式与阅读指向。文学作品阅读着眼于作品的艺术性，阅读方式是鉴赏型，侧重于对文学作品所体现的文学特质加以鉴赏与评价，重点放在言语的品味和感悟上，阅读的最终目的是获得文学素养和熏陶。而实用文章阅读则着眼于获取文章的信息，阅读方式是理解型，重点应该是"这一类文章应该怎样读"。叶圣陶先生说："语文教材无非是个例子，凭这个例子要使学生能够举一反三，练习阅读和写作的熟练技巧"。这是一篇科学观察笔记，科学观察笔记通常的写法是怎样的？有没有阅读这一类文章的方法呢？今天进行第二个教学环节时让学生画出哪些是观察、哪些是思考的文字，从而学习这类文章一般的写作范式："观察+思考"，教给学生这一类文章的阅读方法，同时培养学生思考问题的能力，并通过作者的思考正确理解作者的情感。

第二，考虑文本特点

考虑文本特点也就是"体式认证"，同是说明文，有的说明文比较注重知识性，而有的说明文对知识的介绍通过生动的语言去表达，这与作者的写作风格、写作目的等是密切相关的，因此，不仅要看这一篇文章的文本特点，还要了解作者的基本情况。作者利奥波德有特殊的身份，美国著名环境保护主义者，被称为"一个热心的观察家，一个敏锐的思想家，一个造诣极深的文学巨匠"，他的文章有其个性化特征，就是抒情笔法。所以，学习本文既要关注科学小品文的科学性（知识性），还要关注科学小品文的文学性，即作者生动的言语表达。在语文课程标准对语文核心素养的阐述中，语言运用是唯一属于语文学科的核心素养，文化自信、思维能力、审美创造在别的学科中也有体现。因此，语文课要带着学生走进语言文字深处，本节课第三个活动环节通过增删文字、改变标点等方法，引导学生欣赏作者的抒情笔法，培养学生的语言鉴赏能力，从而提升学生的语文素养。

第三，考虑课型特点

这是一篇自读课文，自读课文应该怎么教？自读课中，教师是学生学习活动的组织者和参与者，教师以导为主，解读文章的目的是为了获得方法，教学生如何读懂一篇文章，培养学生的阅读能力。因此，教师要善于搭建支架，让学生实现课堂生长，让学习真正在学生身上发生，使讲读课所学的知识、方法和能力，能有效地迁移和拓展。

本单元都是阐释事理的说明文，《大自然的语言》这篇文章前面的预习就明确要求：快速浏览课文，了解文章的主要内容。也就是学习通过抓关键句、筛选信息了解文章的主要内容。因此，本节课的第一个环节就是对抓关键语句筛选信息这个阅读方法的迁移和运用。《大自然的语言》这篇文章在后面的积累拓展中明确要求学生体会说明语言的生动性和准确性，而本篇文章语言的生动性表现得尤为突出。因此，在前面学习了说明文语言的准确性之后，本节课再重点关注语言的生动性，也能让学生更多地了解说明文语言丰富的表达形式。

（二）如何开展学生"学的活动"

这两年，我校课堂研究的主题是如何设计学生"学的活动"，该研究主题提出的背景，一是基于新课程理念的要求，新课程理念要求我们把以"教的活动"为基点的课堂教学转变为以"学的活动"为基点的课堂教学；二是我们课堂呈现出来的问题，强迫我们去研究。我们每个人都应该有这样的课堂教学理念：教学环节应该是教师组织学生进行充分的学的活动。因为教师讲了不等于学生学了，学生学了不等于会了。设计教学环节的时候应着重考虑学生做什么和怎样做。语文课堂教学的活力归根结底是学生在语文课堂教学中的活力。余映潮老师就说过：语文教学应该在大量的课堂实践活动中训练。

所谓"学的活动"的充分展开有以下两方面意思。第一，要使学生的"学的活动"更有结构一点，更完整一点。要保证学生在课堂里有相对完整的、比较充分的学习时间。时间保证很重要，也就是一节课的大部分时间应该是学生自主地、有结构地进行"学的活动"，而不是老师大量地讲解和灌输。第二，使学生的语文学习方式更丰富一点、更多样一点。"学的活动"要考虑对学生听说读写的能力进行全面训练。而听说读写的能力要靠反复的训练才能形成。读写结合是语文能力训练的必由之路，在这节课中我设计了一个课堂小练笔，其实也是语言的再组合。语文教材蕴含极其丰富的、读写结合的教学资源，优秀的语文教师应该实现两者的有机融合。本节课因为时间的关系，没有让更多的学生展示自己的创作，这也是本节课的一个小小遗憾，但这节课也向学生传递了一个信息，写作并没有我们想象的这么难，更是向老师传递了一个信息，写作可以随时发生。

当然，通过这一节课的学习，学生最终能否达到我设定的教学目标？学生是否就真的能够读懂科学小品文了？可能还要用时间去检验。

（深圳市龙华区民治中学教育集团初中部　戴蓉）

《雨的四季》教学设计

【教学目标】

（1）理解并积累文中的字词和优美的句段。

（2）学习文中描写景物的方法，体会文章语言之美。

（3）领悟作者热爱自然、热爱生活的情趣。

【教学重难点】

重点：体会文章语言之美，学习文中描写景物的方法。

难点：运用景物描写的方法写好景物。

【教学过程】

（一）导入

由所拍照片导入新课。

（二）造访诗人

介绍作者刘湛秋。

（三）环节一：鉴雨之"容貌性情"

（1）齐读阅读提示，圈出关键词，指名读第1自然段（总起句），分析作者用"她"字的用意。

（2）请同学们默读2～5自然段，分别给每个自然段拟一个三字小标题。老师预设三组小标题。

（3）品析标题：能否将标题《雨的四季》改为《四季的雨》？

（4）四季的雨在作者笔下各有什么性情呢？默读2～5自然段，圈画关键词，为四季的雨各写一个四字词语来形容。

（四）环节二：品雨之"情致风韵"

（1）作者在写秋雨的时候运用了一个绝妙的比喻，"雨，似乎也像出嫁生了孩子的妇人，显得端庄而又沉静了。"老师把这篇文章进行了变形，请同学们补写下列句子（尽量用到读读写写中的词语和文章中的关键信息）。

春雨像_____，_____；夏雨像_____，_____；秋雨像一个出嫁生了孩子的妇人，端庄而沉静；冬雨像_____，_____。

（2）从前面的分析可以发现，作者不仅是赋予了雨以人的灵性，更是把雨的四季当作"人"的一生来写。请大家朗读最后两个自然段，说说作者借雨寄托了怎样的思想感情，表达了怎样的人生态度？

（五）环节三：悟雨之"写法精奇"

（1）请同学们精读第2自然段，思考这一自然段除了写雨，还写了哪些其他的对象？跟"雨"有什么关系呢？

预设：树叶、花苞、树枝、水珠子、小草、空气。

学生讨论。

（2）作者笔下的雨就像是一首灵动的诗，感受刘湛秋还用了怎样的笔法来写雨？

（3）如果让你写老师看到的那两株小生命，你还想写哪些对象呢？

学生创作后进行展示。

（4）课后运用本课所学到的写景方法写一篇小美文来描绘老师看到的这两株小生命，别忘了取个优美的标题。

（六）作业布置

课后把这篇小美文改写成800字的大作文。

（七）板书设计

【教学实录】

（一）导入

师：前几天吃完午餐后洗手时，我在饭堂外的洗水槽内，发现了两株小生命，当时我特别震撼，想写一篇文章来描绘它，可惜写景类文章不是我所擅长的，终未如愿。今天我们一起来学习《雨的四季》，看能不能从刘湛秋的语言中找到灵感，然后我们一起来完成老师的这个愿望。

PPT显示：

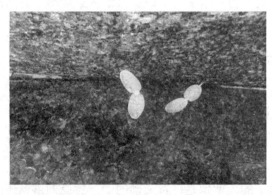

图3-2-1

设计意图：既引导学生学会观察生活中的小事，又明确这节课的教学目标，巧妙地给学生布置了写作任务。

（二）"造访"诗人

师：结合课下的知识，说说"造访"是什么意思？

生1：就是拜访的意思。

师：和拜访有什么区别呢？

生2：多用于书面语。

师：还有一个词语也是用于书面语，是哪一个？

生3：莅临，多用于书面语，形容贵宾来到。

师：现在我们一起来"造访"诗人，请同学们齐读作者介绍：刘湛秋（1935至今），当代诗人，翻译家、评论家，被誉为"抒情诗之王"。著有诗集《写在早春的信笺上》《温暖的情思》《生命的欢乐》。他的散文《雨的四季》《伞》《卖菱角的小女孩》等都曾被收录中学语文课本。

师：菱角读"líng"，棱镜怎么读？

生3：读"léng"。

师：刘湛秋的散文语言非常富有诗意，有三篇作品曾被收录中学语文课本，只有哪个作家能与他媲美？

生4：鲁迅。

设计意图：意在帮助学生了解诗人的同时，指出这篇散文语言的诗意特色，强调课文中出现的易读错的字词。

（三）环节一：鉴雨之"容貌性情"

师：《雨的四季》是一篇自读课文，首先请大家齐读阅读提示，圈出关键词。接下来我们一起来鉴赏雨之"容貌性情"。

师：请一个同学读第1自然段（总起句）。

生1：（声情并茂地朗读）"我喜欢雨，无论什么季节的雨，我都喜欢。她给我的形象和记忆，永远是美的。"

师：我想说：我也很喜欢你，你的声音给我的印象是美丽的。请同学们说说作者为什么用"她"而不用"它"？

生2：将雨拟人化，表达对雨的喜欢。

师：嗯，用拟人的写法，赋予雨以人的灵性，把雨当作人来写，那有没有可能用到比喻的写法？

生3：也可能，把雨比作人来写，而且第一段有一个关键词"美的"，所以作者可能会把"雨"比作一个女性。

师：不错，"她"字可以赋予雨人性，符合雨"美丽"的形象特点，也暗示文章会运用比喻和拟人的手法。接下来请同学们默读2~5自然段，分别给每个自然段拟一个三字小标题。

（全班学生思考后回答）

生4：我是根据内容来拟的，分别为春雨娇、夏雨烈、秋雨静、冬雨柔。

师：很好，你拟题的水平超出了老师的想象。我们回顾一下标题的作用有哪些？

生5：新颖，吸引读者的阅读兴趣。

师：对，还可以概括文章的内容，可以作为线索贯穿全文。你想让标题起什么作用，就可以拟什么类型的标题，现在大家按照老师的拟题的方式来拟题。

师：如果第2自然段我拟"春雨图"，那你的标题是什么？

生6：（1）春雨图、夏雨图、秋雨图、冬雨图。

师：如果第2自然段我拟"春之雨"，那你们的标题是什么？

生（齐）：（2）春之雨、夏之雨、秋之雨、冬之雨。

师：如果第2自然段我拟"雨之春"，那你们的标题是什么？

生（齐）：（3）雨之春、雨之夏、雨之秋、雨之冬。

师：同学们觉得（2）（3）两类标题哪个好呢？

生7：第（3）类好。

师：其实刘湛秋当时定稿的时候非常纠结，到底是用《雨的四季》还是《四季的雨》，但最后还是用了《雨的四季》，为什么？

生8：因为《雨的四季》更好地概括了文章的内容，文章不仅仅写了雨，还写了四季景色。

师：很好，还能想到另外的原因吗？

生9：我觉得《雨的四季》更加诗意灵动。

师：的确如此，《雨的四季》这个标题更加灵动诗意，赋予了雨以生命力，更能概括文章的内容。待会我们写的时候也要注意拟一个好的标题。

师：四季的雨在作者笔下各有什么性情呢？请同学们再次默读2~5自然段，圈画关键词，为四季的雨各写一个四字词语。同学们思考交流后，请两个同学到黑板上来展示。

生10：我写完了，我来说说我写的理由，我主要提取了一些关键词语，然后组合成四字词语。

生11：我也写完了。

师：嗯，两位同学用的方法都差不多，所以答案也差不多，再看看老师的，是不是也差不多？

PPT显示：

春雨：明亮娇媚

夏雨：热烈粗犷

秋雨：端庄沉静

冬雨：平静柔和

设计意图：此环节设计了两次指向信息筛选能力的集体训练，即拟标题、提炼四字词语形容四季的雨的特点，旨在教给学生圈画关键词的方法，并且把这一部分的"读"和后面的"写"有机地结合起来。

（四）环节二：品雨之"情致风韵"

师：大家有没有发现，作者在写秋雨的时候运用了一个绝妙的比喻。请同学们朗读一遍。

生（齐）：雨，似乎也像出嫁生了孩子的妇人，显得端庄而又沉静了。

师：老师对文章进行了简单的变形，请同学们补写下列段落（尽量用到读读写写中的词语和文章中的关键信息）。

PPT显示：

春雨像_____，_____；夏雨像_____，_____；秋雨像一个出嫁生了孩子的妇人，端庄而沉静；冬雨像_____，_____。

（学生写作后展示）

生1：春雨像少女的眼泪，美丽而娇贵；夏雨像一首交响曲，热烈而粗犷；秋雨像一个出嫁生了孩子的妇人，端庄而沉静；冬雨像莅临人间的精灵公主，纯洁而温柔。

师：很好，都是从文本中找依据来补写喻体，大家觉得合适吗？

生（齐）：合适。

师：如果联系第1自然段中作者用"她"而没有用"它"，你还觉得合适吗？

生2：不合适。

师：那请同学们接着展示。

生3：春雨像羞涩待放的花苞，清纯而娇媚；夏雨像一位草原上的汉子，热烈而粗犷；秋雨像一个出嫁生了孩子的妇人，端庄而沉静；冬雨像一抹温暖柔和的黄昏，温柔而平和。

师：同学们觉得用汉子合适吗？前面是个女字旁的她，是不是用女汉子做喻体更合适呢？

（生齐笑）

师：这个其实类似仿写训练，要注意前后句式的连贯性。所以，要是我来写，我会把四季的雨都比作女性。例如，春雨像一个清纯娇媚的小姑娘，朦胧而清新；夏雨像一个青春飞扬的少女，热烈而粗犷；秋雨像一个出嫁生了孩子的妇人，端庄而沉静；冬雨像一个历尽沧桑的老人，静谧而从容。因为作者不仅是赋予了雨以人的灵性，更是把雨的四季当作"人"的一生来写，"雨"的四季就是一个人的整个生命历程。现在请大家朗读最后两个自然段，圈画出文中的关键词，说说作者借雨寄托了怎样的思想感情，表达了怎样的人生态度？

（生有感情地齐读课文最后两个自然段）

生4：我觉得"爱恋""生命"等都是关键词，所以这篇文章不仅表达了作者对雨的喜欢与爱恋，更表达了作者对大自然与生命的热爱。

师：很好，关键词找得非常准确。

设计意图：此环节设计了一次指向语言学用能力的集体训练，即给文章变形，然后补写变形后的文章段落，目的是教学生给景物赋予人性的写作方法，所谓"一切景语皆情语"，只有情景交融的文章才是好的写景文章。

（五）环节三：悟雨之"写法精奇"

师：请同学们精读第2自然段，思考这一自然段除了写雨，还写了哪些其他的对象？跟"雨"有什么关系呢？

生1：树叶、花苞、树枝、水珠子、小草、空气，从侧面烘托了雨。

师：还有不同的意见吗？那小草、空气是作者真正看到的吗？

生2：看不到。

师：这是什么写法？

生3：虚实结合。

师：可见，第二自然段写法精奇，无一处直接写雨，又处处在写雨（侧面描写），而且极力发挥了作者的想象和联想（虚实结合），作者笔下的雨就像是一首灵动的诗，他运用很多笔法刻画四季的雨，如赋予人性、侧面描写、虚实结合等。接下来再仔细品读下面一组句子，说说刘湛秋还用了怎样的笔法来写雨？

PPT显示：

① 第3自然段：如果说，春雨给大地披上美丽的衣裳，而经过几场夏天的透雨的浇灌，大地就以自己的丰满而展示它全部的诱惑了。

② 第4自然段：天空是暗的，但雨却闪着光；田野是静的，但雨在倾诉着。

③ 第5自然段：但在南国，雨仍然偶尔造访大地，但它变得更吝啬了。它既不倾盆瓢泼，又不绵绵如丝，或淅淅沥沥，它显出一种自然、平静。在冬日灰蒙蒙的天空中，雨变得透明，甚至有些干巴，几乎没有春、夏、秋那样富有色彩。

（生思考后展示）

生4：运用了拟人的手法。

师：这个前面已经说过了，老师问的是它们还共同运用了什么手法？

生5：运用了对比的手法。

师：请仔细分析一下作者怎样运用的对比写法？

生6：第3自然段把春雨与夏雨对照写，第4自然段把秋雨与天空、田野对照写，第5自然段把冬雨与春、夏、秋雨进行对照写。

师：很好，巧借其他景物对照写雨，不只盯着我们看到的景物，还要与其他景物对比着来写。所以，如果让你写老师看到的那两株小生命，你还想写哪些对象呢？

生7：周边环境。

生8：可以写老师看到它们的反应。

生9：写它们顽强的生命力。

师：仅仅写这些还不够，还可以上升到人生的态度。

生10：可以写阳光和雨露。

师：这也是周边环境，大家可以想象一下两株小草的生命历程。

生11：写这两株小草的斗争历程。

生12：写小草的生命生机。

师：这就是正面描写。刚刚同学们说得很好，现在我们要说到做到。一起来小结一下：山之精神写不出，以烟霞写之；春之精神写不出，以草树写之；雨之精神写不出，以雨中景物写之；草之精神写不出，可以赋予它以人的品质，可以写小草的生长环境，可以写人们看到它的反应，可以想象小草的成长历程，可以对比其他景物来写。

师：现在，请同学们运用本课所学到的写景方法写一篇小美文来描绘老师看到的这两株小生命，别忘了取个优美的标题！

（生静静思考，创作后进行展示，师适时提醒学生要拟一个漂亮的标题）

生13：我的标题是《一缕绿荫的绚烂》。

师：很好，标题不错，读的时候要像老师一样怀着对生命的虔诚感来读。

生13：（深情朗读自己的作品）闲暇时间，惊鸿一瞥，一抹鲜绿，尽入眼帘。一时间，似有万千光景，轮回于脑海之畔、心灵之巅。那是怎样的一抹绿呀，矮小，却绿得粲然，绿得绚烂，似乎绿出了一整片小小的世界。它不是呼伦贝尔草原上那样雄奇的绿，却令人称奇；不是"离离原上草，一岁一枯荣"的大朵大朵燃之不尽的芳草，却更显坚韧。它以停停断断的流水为乳，以罅隙中透出的稀有阳光为食，突破重围，获得新生，孤独地在阴冷而潮湿的石缝里，绽放着属于自己的生命之歌。亲爱的小草啊，你打不垮，挫不败，独爱这不起眼的小石缝，坚韧地张扬在自己的生命里。愿我也能做一抹石缝里的新绿，不屈地绚烂在无悔的青春里。

（教室里雷鸣般的掌声响起）

师：很好，可以分析一下你的写法吗？让我们大家一起来学学。

生13：我首先写了我看到它的反应，其次正面描写这株小生命，再次对比其他景物写，如写了其他的绿，再次发挥自己的想象写它的生命历程，最后升华主旨："自己也想成为这样一株生命"。

师：很好，还有其他同学要展示吗？

（生14展示，展示内容略）

师：你又是怎样写的呢？

生14：我是对文章进行仿写。

师：很好，在对文章进行仿写的过程中，不自觉地学会了这些方法。

（生15展示，展示内容略）

师：你把小草直接当作自己来写，用第一人称写，这是一个新的角度，很好。

设计意图：此环节设计了指向联想和想象能力的课堂小练笔，目的是让学生真正地从读的能力迁移到写的能力，能够让学生最终实现在阅读中学写作和通过写作来提升阅读能力的目标。

（六）课堂小结

师：谢谢同学们，终于帮老师完成了这个心愿。今天这节课我们收获了很多，学会了四种写作方法：赋予人性、虚实结合、侧面烘托、对照景物，希望大家能学以致用。老师布置的课后作业就是把这篇小美文改写成800字的大作文，要相信自己一定能够完成，下课！

【教学反思】

是精彩，也是遗憾

"这是一堂精彩的公开课"，上完这堂课后同科组老师对我如是说。我很兴奋，过后又陷入了沉默。因为我知道，一堂课有它的精彩，也必会留下很多遗憾。下面，我从以下几个维度来反思我的这堂语文课。

（一）关于教学目标的确定

本学期我执教九年级，带领九年级的学生上的这堂课。九年级的学生在品味语言方面已经有了一定程度的积累。我要上的课型是读写结合课，所以我尽量从写作方面去挖掘这个文本的价值。

本堂课的教学目的在于提升九年级学生赏析标题和拟写标题的能力、通过圈画关键词读懂文本情感的能力、模仿文本进行创作的能力。所以，我把教学目标定为以下三点：①理解并积累文中的字词和优美的句段；②学习文中描写景物的方法，体会文章语言之美；③领悟作者热爱自然、热爱生活的情趣。

这三个教学目标的设定基本吻合九年级学生的学情和能力层次，整堂课学生在回答问题方面表现得非常精彩。遗憾的是我没有考虑到九年级部分优生的层次水平，只注重培养学生构建字词句段的能力，但是对于培养学生构建整篇文章的能力是有欠缺的，这就产生了在这个语文课堂上"优生吃不饱"的问题。今后，还得在分层教学上狠下功夫。

（二）关于教学活动的设计

这堂课的三次教学活动的设计都是有明确指向的，指向培养学生的读写能力，让学生学会把读和写有机地结合在一起。

首先，我设计第一个学习活动：请同学们默读2~5自然段，分别给每个自然段拟一个三字小标题。接下来设计了第二个活动：请同学们再次默读2~5自然段，圈画关键词，为四季的雨各写一个四字词语。这两个教学活动都是指向信息筛选能力的，属于较浅层面的读写训练。

其次，我对这篇文章进行了简单的变形，然后请同学们补写段落，要求学生尽量用到读读写写中的词语和文章中的关键信息。这个活动是指向语言学用能力的，是对上一层次的优化提升，指向培养学生的读写结合能力。

最后，我设计了一个指向较高层次的指向联想和想象能力的教学活动：请同学们运用本课学到的写景方法写一篇小美文来描绘老师看到的这两株小生命，并且要取个优美的标题。

这是这次课堂的一个最终的落点，也是我设计整堂课要实现的最终的教学目标。

从这几次教学活动的设计来看，由浅入深，层层深入，符合学生的认知规律，课堂推进得非常顺畅。但遗憾的是，我设计的这几个教学活动没能够在培养学生的文本细读能力方面进行更深入的挖掘，也没有教给学生整体谋篇布局的技巧。所以，我这堂课在文本挖掘的深度上是有欠缺的。

（三）关于教学目标的达成

从最终学生的练笔展示环节来看，本堂课基本能实现所设计的教学目标。几个学生的展示在写作内容和语言建构方面都有了很大的进步。大部分同学写完之后还能分析自己是运用什么写法来完成此篇的，如胡贺伊同学的展示非常精彩，赢得全班热烈的掌声。她对于自己的写作分析也是非常具有条理的。她说："我首先写了我看到它的反应，其次正面描写这株小生命，再次对比其他景物写，把这两株小生命跟其他的绿进行比较，再次发挥自己的想象写它的生命历程，最后升华主旨：'自己也想成为这样一株生命'。"这样的写作能力对于一个九年级的孩子来说已经非常了不得了。

但是，这个环节也会有遗憾，因为缺乏对学生进行构建整篇文章的指导，有些同学展示的作品就在谋篇方面明显是有欠缺的，缺乏一些必要的章法和技巧。

总的来说，这次公开课我通过设置贴近学生生活的写作情境开启课堂教学，以布置写作任务来驱动课堂，最后以完成写作任务结束课堂，整堂课的起点和落点是恰当务实的。因此，不管是精彩，抑或是遗憾，对我来说都是一次宝贵的学习经历，希望自己在今后的教学生涯中能够不忘初心、砥砺前行！

（深圳市观澜第二中学　贺焕兰）

《一滴水经过丽江》教学设计（一）

【教学目标】

（1）勾画关键词语，梳理一滴水的游踪，了解丽江全貌。

（2）品味鉴赏文中富有美感的写景句，领略丽江古城的自然风光、历史沿革和人文景观，感悟作者对丽江的喜爱与赞美。

（3）仿照本文的独特视角学写游记。

【教学重难点】

重点：品味鉴赏文中富有美感的写景句，领略丽江古城的自然风光、历史沿革和人文景观，感悟作者对丽江的喜爱与赞美。

难点：仿照本文的独特视角学写游记。

【教学过程】

（一）对话导入

有人去过丽江吗？能否用一个词形容你对丽江的印象？

（二）教学活动

活动一：游踪寻觅

一滴水经过丽江，它经过了丽江的哪些地方呢？快速默读课文，勾画出文中表明地点的词语，寻找"水"之所至。

活动二：美景聚焦

找出你认为最美的写景句，聚焦"水"之所见。

生自主阅读鉴赏，班级分享交流。

活动三：体验感悟

从一滴水的角度，谈"水"之所感。

活动四：视角摹写

（1）作者为什么要以一滴水的视角来写丽江？

（2）以物为视角进行仿写。

生写作交流，师呈现下水文。

（三）课后作业

请将你的视角摹写片段扩展成一篇完整的不少于600字的游记。

（四）板书设计

一滴水经过丽江

阿来

自然风光 ⎫ 愉悦的情感体验
　　　　⎬ 独特的审美享受
人文景观 ⎭ 纯粹的心灵净化

【教学实录】

（一）对话导入

师：大家听说过丽江这个地方吗？

生（齐）：听说过。

师：在哪里？

生（齐）：云南。

师：对，云南省。咱们班有人去过吗？去过的举手。（有3位同学举手）你们能用一个词语来概括你对丽江的印象吗？

生1：静美。

生2：悠闲。

生3：古朴。

师：感谢你们提供如此美妙的词语，让大家对丽江的向往又加深了几分。实际上，在很多人心中都有一个执念，觉得这辈子一定要去一次丽江。

那么今天就让我们跟随阿来的脚步到丽江神游一番。

（师板书：一滴水经过丽江，阿来）

师：先一起来美美地读文题和作者。（师缓缓地起头）一滴水经过丽江，阿来，齐。

生（齐）：一滴水经过丽江，阿来。

设计意图："兴趣是最好的老师"，通过对话，勾起少量学生对过去旅游体验的回忆，激发全体学生对丽江的向往之情，调动学生的阅读期待。

（二）游踪寻觅

师：同学们读得轻柔，很美。一滴水经过丽江，它究竟经过了丽江的哪些地方呢？现在，请同学们快速默读课文，勾画出文中表明地点的词语，寻找"水"之所至。时间3分钟。

PPT显示：

活动一：游踪寻觅

快速默读课文，勾画表明地点的词语，寻找"水"之所至。

（生默读勾画）

师：（3分钟后）同学们都勾画出来了吗？哪位同学能分享你的发现？

（师随机请一位举手的同学发言）

生1：请大家看第1段，我找到表明地点的词语是"玉龙雪山顶上"。

师：你能直接说出它经过的地方吗？

生1：最开始在玉龙雪山山顶。

师：对。请继续。也请其他同学跟随这位同学的目光在文字中前行。

生1：接下来在课文的第3段，这滴水经过了马帮来往的驿道，经过了纳西族村庄。第4段，这滴水到达了丽江坝的草甸上。第5段，这滴水跌落到落水洞中。第7段，这滴水从黑龙潭冒出来。第9段，这滴水顺着玉河来到四方街前。第11段，这滴水又回到了玉河，后又跌进中河。第13段，这滴水经过丽江古城的一些店铺，还被带进了纳西人的院子。第14段，这滴水回到了穿城而过的水流之中。第15段，这滴水出了古城，来到了城外的果园和田地里。最后在16段，这滴水跃入了金沙江。

师：大家对他的发言还有补充吗？

（其他同学摇头）

师：没错，的确很详尽，你是一个读书仔细的孩子！感谢你把如此错综复杂的游览踪迹清晰地梳理出来，让我们对丽江的全貌有了一个整体的认知。请坐！

设计意图：学生在梳理游踪的过程中，通过抓关键词快速默读课文，既是对阅读方法的渗透，又是在创造机会让学生反反复复入情入境地走进文本。

（三）美景聚焦

师：这滴水经过了丽江的很多地方，也见到了丽江的很多美景，作家阿来都用他富有诗意的语言为我们描绘了出来。现在，我们进入下一个学习活动——美景聚焦。请找出你认为最美的写景句，聚焦"水"之所见。先个人自主阅读鉴赏，再班级分享交流。

PPT显示：

活动二：美景聚焦

找出你认为最美的写景句，聚焦"水"之所见。

（生自主阅读鉴赏，然后班级分享交流）

师：找到之后怎样鉴赏美景句呢？请看老师的一个示范。

PPT显示：

示例1：我还顺着人们远眺的目光看见了玉龙雪山，晶莹夺目矗立在蓝天下面。潭水映照雪山，真让人目眩神迷啊。

赏析：这两句话写出了"我"在黑龙潭边远望玉龙雪山的景象，突出了玉龙雪山晶莹夺目的特点，由"矗立"一词还能看出玉龙雪山高耸、挺立的特点。表达了作者对玉龙雪山美景的喜爱与赞美之情。

师：这是大家比较熟悉的三步式赏析方法：描绘景物+景物特点+作者情感。接下来同学们可以仿照这种方式进行赏析，也可以从修辞、炼字、句式特点、感官运用等角度聚焦美景、鉴赏美句。至少找出两处并做适当的批注。时间3分钟，现在开始。

（生埋头自主阅读鉴赏）

师：（3分钟后）好，停下来。我发现同学们在课本上都批注了不少内容，说明大家有着很好的学习习惯。现在我们来分享交流吧。

生1：我找到的是第15段最后两句。"在宽广的丽江坝中流淌，穿越大地时，头顶上是满天星光。一些薄云掠过月亮时，就像丽江古城中，一个银匠，正在擦拭一只硕大的银盘。"这两句话渲染了一种宁静祥和的气氛，让人情不自禁地想去体验这种悠闲之感。特别是后一句运用比喻将思绪落回到丽江古城特有的银饰中，这是把天上的自然景观与地上的人文景观相结合，二者相互映衬、融为一体，特别美好。

师：你对文字有着极强的感受力。这份宁静祥和的美好你能试着读出来吗？

（生流畅地读）

师：请坐。她读得如何？谁来评一评？

生2：整体比较流畅，但语速稍快，少了一种静谧之美，可以读得慢一点、轻一点。

师：请你来试试。

（生缓慢地、轻轻地读）

师：你对语速语调的处理非常恰当。我们在有感情地朗读时还可以关注句中的动词，如"掠过""擦拭"，声音放轻，尽量倾注更多的情感。全班一起来读读看。

（全班缓慢地、轻轻地、有感情地读）

师：情绪饱满，让听者沉醉，读得好！我们继续来分享。

生3：我喜欢第13段的前四句话。"我经过叮叮当当敲打着银器的小店。经过挂着水一样碧绿的翡翠的玉器店。经过一座院子，白须垂胸的老者们，在演奏古代的音乐。经过售卖纳西族的东巴象形文字的字画店。"这里运用了排比的修辞手法，为我们描绘出一幅极具民族特色的图画。"叮叮当当"这个拟声词的运用仿佛真的让我们听见了敲打银器的声音，"水一样碧绿"仿佛真的让我们看见了翡翠玉器的色彩，"白须垂胸""老者""古代的音乐"这些极具年代感的表述又体现出了丽江的古朴，给人岁月静好之感。而"东巴象形文字的字画店"更增添了丽江古城的文化魅力。

师：你抓住极富表现力的词句进行赏析，听觉与视觉并用，你让阿来描绘的这幅市井民俗图在大家心中更加真切、明晰、动人起来。感谢你！请坐。现在，我们就化身为这滴水，齐读这四句，进一步领略丽江的人文美。

（生齐读）

生4：请大家看到第10段的最后两句。"我乘水车转轮缓缓升高，看到了古城，看到了狮子山上苍劲的老柏树，看到了依山而起的重重房屋，看到了顺水而去的蜿蜒老街。古城的建筑就这样依止于自然，美丽了自然。"这里也运用了排比的修辞手法写出了"我"乘水车时所看到景象。"苍劲的老柏树""蜿蜒老街"体现了丽江古城年代久远。"依山而起""顺水而去"体现了古城的建筑原本是依靠自然而建，最后也成了自然的一部分，"美丽了自然"体现的是人文建筑与自然的和谐之美。

师：你的赏析很厚重。如此厚重的文字我们请全体男同学读读看，这里应该读出怎样的情感呢？

生4：惊喜、赞叹。

师：怎么读出惊喜、赞叹？

生4：句中的四个"看到了"可以读得欢快一些，"就这样""自然"可以读得悠长一些，"依止于""美丽了"可以重读。

（男生齐读）

师：从你们的朗读中我听见了这滴水欢快的心跳声，也听见了阿来满心的欢喜与赞叹。通过美景聚焦活动，我们发现全文主要从两个大的方面对丽江进行了富有诗意的描绘，分别是自然风光之美和人文景观之美。

（师板书：自然风光，人文景观）

设计意图：通过品读文中的写景句，实现学生独立自主的个性化阅读，并在交流中提高鉴赏能力，获得审美体验。通过多种形式的朗读将文中语言内化为自己的语言，达到语言积累的目的，也为下一阶段的创作做好储备。

（四）体验感悟

师：假如你就是这滴水，面对如此美景，请你进行想象体验，谈谈"水"之所感。

149

PPT显示：

活动三：体验感悟

假如你就是这滴水，面对如此美景，请你进行想象体验，谈谈"水"之所感。

生1：喜爱与赞美。

师：没错，喜爱与赞美从文字中自然地流露出来了，刚才品读时我们都清晰地感受到了。除了这一点还有其他感悟吗？

生2：向往。

生3：看到丽江从古到今的历史变化，我有一种人世沧桑的感慨。

师：你有一种上帝视角，有高度！当我们外出旅行时，除了欣赏旅途的风景，我们能不能走进内心去观照自我呢？文中有没有这样的句子？

PPT显示：

在这里，尽情欢歌处，夜凉如水，他们的心像一滴水一样晶莹。

师：我们来读一读。

（生齐读）

师：你感悟到什么？

生4：能让原本浮躁的心灵安静下来，变得平和、洁净。

师：神游丽江，我们获得了愉悦的情感体验，获得了独特的审美享受，还获得了纯粹的心灵净化，而这些都是旅行的意义所在。

（师板书：愉悦的情感体验，独特的审美享受，纯粹的心灵净化）

设计意图：想象体验"水"之所感，旨在引导学生再次走进文本，入情入境，获得人文情感的熏陶。

（五）视角摹写

师：阿来创作此文是受当地政府之邀写给中小学生看的。刚开始，他觉得很不好写，因为写丽江的佳作多，丽江自身的景点也多。但最终他却呈现出别具一格的游记作品。他是怎么做到的呢？

生1：他以水的视角来写作。

师：作者为什么要以一滴水的视角来写丽江呢？

（PPT显示此问）

生2：因为丽江相对来说水是比较多的，而且丽江之所以能建起来也是因为水。

师：你抓住了丽江最突出的特点。丽江正是以水见长，它还有"东方威尼斯"的美称。

生3：因为整篇文章是为中小学生写的，所以作者运用拟人的修辞手法，非常生动形象，而且第一人称让学生读来更为亲切，也更有代入感。

师：嗯，你是从读者的角度来分析的。

生4：因为水本身是很自由的，它不受时间、空间的限制。作家创作时就可借助水经历古今，跨越广大的地域空间。

师：你是从作家创作的角度来谈的，你的发现很有深度！请坐。综合以上同学说的几点，作者之所以选择水的视角来创作是因为丽江以水见长，因为拟人的修辞手法更能激起读者的阅读兴趣，因为水的自由灵活便于作者创作时跨越时空。大家的发现太让人惊艳了！阿来以水的视角创作了这样一篇别具一格的游记作品，我们能不能仿照这种视角来写一段？

PPT显示：

活动四：视角摹写

仿照本文，选取一种视角向远方的朋友介绍深圳或者我们的校园，内容包含所至、所见、所感。100～200字左右。

提示：视角可以是一只鸟、一条鱼、一阵风、一张纸、一个球……

师：在写之前，我们先来看一个片段。

PPT显示：

一片叶子飘过民治中学

我是一片叶子，长在民治中学操场的一棵凤凰树上。（所至）

从我出生起，我就远远地望见了一栋栋错落有致的高楼，望见了一树树明艳灿烂的簕杜鹃，望见了一辆辆在喧嚣街道上缓缓行驶的小汽车。在楼宇的重重包围下，我还看见了不远处紧密相连的教学楼，有的叫作铭恩楼，有的叫作铭礼楼。（所见）

突然，清脆的铃声响彻校园，一群孩子从教学楼里蜂拥而出，他们像一阵风从我身下匆匆掠过，快乐的声浪一遍遍冲击着我的耳膜。（所见所感）

冬天来临，我从树上轻轻飘落，随风来到教学楼下的架空层。（所至）

清晨，我听见书声琅琅，我多想飘至窗前，和孩子们一起尽情朗读美丽的文字，反复诵着"感恩"。（所见所感）

在一个安静的黄昏，我被收进一个绿色的盒子。我知道，我将和同伴们一起，以另一种方式继续滋养大地。（所至所感）

（生埋头创作，时间6分钟）

师：大家奋笔疾书，静心创作，这就是最美的学习状态。现在，我们来分享创作成果。

生1：我写的是《一朵花经过校园》。

我是一朵花，在民治中学的操场上日日接受着来自太阳的照射，看着众多的学生在体育课上挥洒着自己的汗水，不惧来自酷暑的考验。早晨，我看到学生早早地来到校园，与周边同学小叙一番后便开始了早读，一声声响亮整齐的朗诵声传入我的耳朵，迎面吹来的微风让我不得不再次沉浸在这个美好的时光中。上午，一群有说有笑的女孩子走到了我的身边，她们将我插在她们的头上，我知道我要到别处去了。

师：大家说说这个片段有什么值得大家学习的地方呢？

生2：转移的地点比较巧妙。花原本是固定在一处的，但它却通过女孩子爱花的方式巧妙地转到女孩子的头上去了，这样就可能跟着女同学走过校园的角角落落。

师：没错，游记需要有游踪，必然存在地点的转换。

生3：我写的是《一张纸经过深圳》。

我是一张纸，来自深圳的一间工厂。原本，我和伙伴们常年待在一个蓝色的文件夹里，但是有一天，因为一个孩子没有及时把我们放回原处，一阵风吹过，我便轻飘飘地离开了之前的家。

因为我天生体重就轻，风把我吹得很高很高，我在天空上看到了莲花山公园里的邓小平雕像，飞跃了深圳市第一高楼平安大厦，听见了深南大道上车水马龙的嘈杂声。

渐渐地，那阵风弱下来了，我轻轻地降落，无声地躺在了深圳图书馆门前，我看着图书馆内阅读的人，我好想进去和他们一起看书，一起畅游在知识的海洋，在我洁净的身躯上填满动人的文字。

师：能谈谈你为什么要这样写吗？

生3：我是借助风来实现游踪的变化的。又因为是介绍深圳，所以我选择了比较有代表性的建筑与景象。写图书馆是为了体现深圳的文化内涵。

师：你的写作思路很清晰。分享的两位同学在视角摹写中都把游记创作中的所至、所见、所感融进了文字中。希望同学们在课后把它扩展为一篇600字以上的游记。

PPT显示：

课后作业：

请将你的视角摹写片段扩展成一篇完整的游记，不少于600字。

设计意图：对作者以水的视角创作原因进行分析，能引发学生多角度思考，促使学生思维品质的提高，也能为摹写活动中的视角选择提供路径。"视角摹写"写作活动既能帮助学生进一步明确游记特点，又能真正地将知识转为能力，在想象中实现创意表达。学生在自评、互评、师评中也能加深对游记特点的认识。

（六）课后小结

师：这节课，我们一起欣赏了丽江的自然与人文之美，从中获得了愉悦的情感体验、独特的审美享受和纯粹的心灵净化。我们还仿照文中的视角想象游历了我们身处其中的深圳、校园。同学们，生活不只有眼前的课本与作业，还有诗和远方。希望大家有时间多用双脚去丈量大地，在旅行中发现自己、提升自己、不断丰盈我们的生命。今天的课就上到这里，下课！

设计意图：小结课堂所学让学生对所学内容有一个整体认识。通过言语期待激发学生获得真实生活体验的兴趣，不断提升自己、丰富自己，鼓励学生在生活中学语文，让语文成为生命的一部分。

【教学反思】

读写相融，提升学生的关键能力

阅读是写作的基础，写作是阅读能力的最高呈现。阅读与写作是语文学习的双翼，它们相互支撑，密不可分。《义务教育语文课程标准（2022年版）》在"文学阅读与创意表达"第四学段学习内容中指出："阅读表现人与自然的优秀文学作品，包括古诗文名篇，体会作者通过语言和形象构建的艺术世界，借鉴其中的写作手法，表达自己对自然的观察和思考，抒发自己的情感。"然而，现如今我们的语文课堂更偏重于阅读理解，对优秀文本写作手法的提炼与训练还不够。本课的设计教学便是对读写结合的一次尝试，期待以此为契机，逐步扭转课堂"轻写"的现状，加大对课堂微写作的训练力度，达到以读促写、读写相融、提升学生的关键能力的目标。现从教学目标的确定、教学活动的设计和教学目标的达成三个方面进行反思。

（一）关于教学目标的确定

《一滴水经过丽江》是统编版八年级下册语文第五单元的一篇自读课文，该单元所选课文都是游记。在学习本文之前已学习了3篇不同表达风格的游记作品，学生对游记的基本要素已有了一定的认识，此时我再结合本文写法精妙的特点在阅读教学中进行写作教学的渗透就水到渠成了。本着充分利用文本资源的原则，我把教学目标定为以下三点：

（1）勾画关键词语，梳理"一滴水"的游踪，了解丽江全貌。

（2）品味鉴赏文中富有美感的写景句，领略丽江古城的自然风光、历史沿革和人文景观，感悟作者对丽江的喜爱与赞美。

（3）仿照本文的独特视角学写游记。

前两个教学目标指向阅读，最后一个教学目标指向写作，但它们不是孤立割裂开的，而是逐渐深入、步步推进、相互借力、彼此成全的。该教学目标的制定应该是符合学生思维发展规律的，是科学合理的。

（二）关于教学活动的设计

在教学过程中，我设计了四个学习活动，分别是：游踪寻觅，寻找

"水"之所至；美景聚焦，聚焦"水"之所见；体验感悟，谈谈"水"之所感；视角摹写，介绍我的"地盘"。

前三个学习活动实际是引导学生理清游记在内容上不可缺少的三个要素，即"所至""所见""所感"。弄清楚了三要素，学生在视角摹写活动中便有了抓手、有了方向。前三个阅读学习活动集中指向最后一个写作活动，这是真正的以读促写，而学生个人独特的写作体验又势必加深他对游记这一文体特点的理解，实现读写相融。

"视角摹写"活动又分为两步。第一步，探究作者以水的视角创作的原因。这是引导学生从作家立场多角度分析问题，既促使学生深入理解文本，又为摹写活动中视角的选择提供了路径。有了前期大量的写作方法指引，第二步的正式摹写就轻而易举了。

当然，教学活动中也存在问题。这是一篇自读课文，应让学生充分自主地学习，但教师放手还不够大胆。

（三）关于教学目标的达成

从对学生的课堂观察及学生最后展示的作品来看，本节课基本达成了教学目标。

课堂上，学生能抓住文中有表现力的词句进行品鉴，有个人独特的感悟。特别是对作家写作视角的探究，极具思维含量。创作中能将课上所学都运用起来。例如，学生会巧妙地借助外力让定点的物体动起来，使得游记有了"游踪"；学生能转换视角生动地介绍标志性建筑与景点，浪漫而奇特的想象在学生创作的世界里翻飞。

"所感"在创作中时有闪现，但因时间原因，部分学生的"所感"还来不及细细展开。教师应该留给学生更多的写作时间，尽量让学生在课堂上获得相对完整的写作经验。

阅读与写作是学生成长必备的关键能力。在阅读教学中渗透写作教学，以读促写、读写相融，以期提升学生的关键能力。这是一次尝试，或许还不够完美，但在探究的路上，我们心底有光，必将一路向前。

（深圳市龙华区民治中学教育集团初中部　曹敏）

《一滴水经过丽江》教学设计（二）

【教学目标】

（1）了解游记的特点，把握作者的游踪。

（2）理解"一滴水"的写作视角及特殊意味。

（3）通过品味语言仿写句子和段落能正确理解作者的情感。

【教学重难点】

重点：理解"一滴水"的写作视角及特殊意味。

难点：运用特殊的视角进行仿写。

【教学过程】

（一）导入

（情境导入，看丽江风光的视频）自读课文该怎么读和学呢？

（二）活动推进，以读促写

活动一：温故知新，复习游记（略）

活动二：默读课文，梳理游踪

（1）快速默读课文5分钟，整体感知课文内容，梳理"一滴水"的游踪。

（2）理解"一滴水"的写作视角及特殊意味。

活动三：品味语言，仿写段落

（1）哪一段（或哪一句）的描写打动了你，找出来，读一读。

（2）句段仿写：第10段。

（3）叙事视角仿写。

分享与点评要求：学会借物抒怀、借景抒情。

（三）课后练习（略）

【教学实录】

（一）导入

师：同学们，今天我们学习的《一滴水经过丽江》是一篇自读课文。自读课文该怎么读和学呢？

生1：自主阅读，读懂课文大意。

生2：读出作者想要表达的情感或者思想。

生3：能自己提出问题、探讨疑难。

生4：学会看课文旁批，并思考问题、回答问题。

师：是的。我们可以用精读课文学到的方法，独立阅读课文。我们看看这篇课文的标题告诉了我们什么。

（板书文题、作者）

生4：这是关于丽江的一篇游记。

设计意图：通过自由问答，让学生在轻松愉悦的语境下回顾自读课文的学习方法。明确本文的文体是游记，学生需要读懂课文大意，读懂作者想要表达的思想情感，自主探讨疑难。

（二）活动推进，以读促写

活动一：温故知新，复习游记

师：游记有什么特点呢？

生1：写旅行中的所见、所闻、所感。可以写景，也可以写人写事。

师：没错。游记往往包含两方面的内容：一是交代游踪，通过记叙游览的经过串起全文；二是描写景物或者旅行中的美好、有趣的人和事，抒发感受。比如《登勃朗峰》不仅写了绝美的风景，还写了"狂野车夫"的趣事。

生2：可以移步换景、转换视角，走到不同地方写不同的景色。

师：你点到了写作手法，随着地点和视角随时转换而描写。比如《在长江源头各拉丹冬》，作者从营地到冰河，到冰塔林，到冰山，再到冰窟，所见、所闻、所感都不一样。

生3：记录游踪还要有线索感。

师：你说得很好。所谓线索感就是游踪的衔接要清晰、紧密，最好有一种事物清晰地贯穿始终。

生4：写游记还要表达自己游历过程中的心情。

师：是的。心情是当时的感触，感情是维持很久的感受。游记要写出特色，还需要有自己独特的感受。去同一个地方有人觉得很乏味，有人觉得很有趣，这就是体验的独特性。比如我们学《壶口瀑布》的时候，发现雨季和枯水季节去观赏黄河的感受是不一样的。比如《登勃朗峰》中，坐车的人和徒步的人感受不一样；遇到喜欢喝酒、开玩笑、飙车的老司机，有的人觉得厌烦和不安，有些人却能发现其中的乐趣，在紧张中寻找快乐。

设计意图：启发学生思维，达到温故知新的目的。明确游记的特点是记录旅行中的所见、所闻、所感，交代游踪，记录美好有趣的景、物、人、事。写景时可采用借景抒情、移步换景、转换视角等方法，写出独特的个人感受。

活动二：默读课文，梳理游踪

师：一片雪在成为一滴水之前有什么经历吗？

生1：先是一片雪落在玉龙雪山顶上，然后变成冰融在冰川里，最后才变成一滴水。

师：好，请你继续介绍变成水之后的游踪吧。

生2：这滴水从玉龙雪山到了丽江坝，再从丽江坝到落水洞，到黑龙潭，再到四方街，最后回到金沙江。

师：你的线索感特别强。游踪很明了，如果你做一名导游，这个行程介绍非常完整了。同学们到过丽江的举个手。（四名同学举手）那老师给同学们看几张丽江的照片，感受一下当地的风貌。大家在预习的时候也看过课文了，通过文字想象，辨认这些图片的景点吧。

（生看图片辨认玉龙雪山、丽江坝、黑龙潭、落水洞、古城水车、玉河、四方街、银器店、东巴文字"水"、古城夜景、金沙江）

师：玉河穿城而过、绕城而流。这是古城的夜景，从高空往下看的画面。好，我们现在就看看课文梳理的关于玉河的游踪，看看这"一滴水"的所见、所闻吧。它重点游览了什么地方呢？

生3：这滴水重点游览了四方街。

师：请告诉我们这滴水在四方街的具体行踪和感受好吗？老师先来做个范例：登水车，远眺古城全貌。

生4：进小店，领略东巴文化。

师：东巴文化是个很大的概念，这里有特定内容吗？

生5：特指东巴文字"水"的文化。

生6：老师，它没有进去，只是经过小店，原文里有写。

师：它进去看了没有？没有看到东巴文字"水"吗？

生7：没有。有些商品有可能是在门口摊位上被看到的也说不准，文章里说它只是"想"，所以属于想象。

师：你看得非常仔细。可以说"经过小店，感受东巴'水'文化"。

生8：进小院，看花浇花闲话家常。

生9：穿城而过，到古城郊外看满天星光。

师：除了星光还有月光，还看了什么呢？可有其他景物？

生10：穿城而过，赏古城郊外星光月色。最后回到喧嚣的金沙江。

PPT显示：

一滴水的游踪（雪—冰—水）。

玉龙雪山—丽江坝—四方街（登水车，入小店，出古城）—金沙江。

（生默读，继续梳理游踪。师巡视指导。时间5分钟）

师：很多同学一边默读、一边勾画、一边做批注，还有些同学把游踪做成思维导图，思路清晰，很有设计感。（展示学生思维导图作品）这几位同学的游踪整理得各有特色。有的同学用色彩、方框做区分；有的同学用小图标、小箭头的方式标注；有的同学图文并茂，配了简笔画，玉龙雪山旁边画了一座山，丽江坝旁画了一座水坝，四方街道画有几个房子，水车，小店，在金沙江那里画了几道波纹，很有创意啊！

师：同学们，梳理好游踪之后。我们来探讨自己的疑难问题。

（生纷纷举手发言）

生1：课文明明写丽江，为什么要用"一滴水"的视角来描写呢？水有什么特殊的地方吗？

师：这个问题提得很有水平。首先这是一种什么修辞手法？

生2：拟人手法。把水拟人化，更形象、更生动，而且很特别，因为一般都是以人为视角。

生3：这也是一种借景抒情吧。

师：是的。那么它到底想抒什么情呢？追本溯源，我们得先解决以下几个问题：一是水的游踪，二是游踪与水的关系，三是了解水有什么特殊的意味，它想抒发什么情感。请同学们思考这几个问题，并在课文中相应的位置做批注。如果有需要，同学们可以小组内讨论交流，相互提问题，可以用课文中的语句来回答，也可以适当概括。

（生讨论交流。师巡视指导。时间3分钟）

师：嗯，同学们观察仔细、概括全面，其实这些信息在课后的阅读提示里也有。同学们以后学习自读课文也可以参考一些现有的资料，加快阅读的速度。好，下面来讨论第二个关键问题。他为什么要通过水的形式来体现呢？别的形式不可以吗？人的视角不好吗？

生4：丽江水多，全文都在写水，还有，贴切主题。

师：丽江水多，丽江城依水而建，有河水穿城而过。可是为什么一定是水的视角呢？人也多，房子也多，我们看看水本身有什么特点而让作者选择这个视角吧。

生5：水是人生活必不可缺的。

生6：水是生命之源。

师：同学们的思维很流畅。因为是生命之源，所以和生活的关系是怎样的？

生7：也是生活之源。水车、水壶、水源！

师：看游踪，什么还和水有关？

生8：文化中的水。"我"想体验东巴文字"水"。

师：是的，还有文化之源。水是生命之源，是生活之源，又是文化之源。它从玉龙雪山到四方街又回到金沙江，相当于回到生命的源头。这就是一个循环。作者想表达一种什么感情呢？

生9：一滴水在我们看来非常渺小。但如果它回到一条河流里，那么这条河流在生命的长河里就永久地延续着。

师：你的思想很深刻啊。一条河流的永久让我们想到孔子的一句感叹："逝者如斯夫，不舍昼夜"。这是从渺小到永恒的轮回。因此，在这里用水的视角有这样深刻的味道。

PPT显示：

"一滴水"是自由的视角，水穿城而过，水既是风景，也是丽江最重要的特征。水是生命之源。这一滴水从宁静走向喧嚣，又从喧嚣走向宁静，最终归于本真，如生命的永恒轮回。

设计意图：通过默读、想象、思考和论辩梳理游踪，揣摩语言。在学习概括的过程中，准确把握文本信息，赏析东巴文化，品悟水文化，探索生命和文化的本源。

活动三：品味语言，仿写段落

师：文中哪一段（或哪一句）的描写打动了你，找出来，画一画，读一读。

（生读第一段）

我是一片雪，轻盈地落在玉龙雪山顶上。

生1：这句话用了拟人手法，把雪拟成人，很生动。

生2："轻盈"写出了雪的轻，雪花的曼妙。从"一片"中感觉很多片小雪花落下来，很美。

生3：题目是"一滴水经过丽江"，这里写了玉龙雪山，是丽江最高的山，山上有雪，雪即将变成水流下来，我觉得作者构思很巧妙。

师：同学们说得很好。课文抓住丽江的特点，从上到下，叙事视角独特。我们可以根据这段话来进行一篇游记开头的仿写。第一，抓住一个地方的特色，然后以一个恰当的身份进入，最好这个物是能"动"的，是你喜欢的。比如风、水、沙子、鱼、鸟、马等。第二，谓语动词前面要加一个形容词。第三，还需要有一个具体的地点。最好选择你喜欢的地方。例如化作一匹马来穿越草原，化作一尾鱼来游历洞庭湖，化作一辆车穿行老广州（家乡或者某个老城）……

（生思考并练习，师巡视指导。6分钟）

师：很多同学非常认真地思考并写作，仿写得很有感觉，请欣赏同学们的习作并点评。

（生读自己的仿写）

生4：我是一片绿叶，悄然落在丽江古城的街道上。

师：这句话仿得很规范，该有的都有了。绿叶还有色彩感，让人感觉到春意盎然。你去过丽江古城吗？（生答没有）丽江古城的街道有一个特点，都是用大块的青石板铺成的。你觉得你的开头需不需要改一下？

生4：改成"悄然落在丽江古城的青石板街道上"。

师：这样就有画面感了，而且青石板还附带一种沧桑感。作为开头，一般还会奠定文章的感情基调。"悄然"是什么意思？

生4：老师我随便写的。

生5："悄然"有忧伤的感觉。

师：对，还有寂静的感觉。看来你的开头很有味道，一开场就是古城的寂静感和淡淡的沧桑感。接下来看你的行文思路了，期待你的故事情节。

生6：我是一片雪，轻盈地落在布达拉宫上。

师：你去过拉萨吗？（生答没有）看来你很想去西藏，去拉萨看看布达拉宫。冬天的拉萨倒是会下雪，雪花落在宏伟的布达拉宫上应该很浪漫，你的想象力很丰富。不过要是没有去过，开头之后就没法往下写了，作文全靠编难度还是挺大的。（生笑）建议大家写去过的地方，或者熟悉的地方。

生7：我是一粒沙子，被海风吹向鼓浪屿。

生8：我觉得这个句子写得很有意境。我也去过鼓浪屿。那里有一片小小的沙滩。不过如果我写沙子可能会选择海南岛的沙子，因为那里的沙子比较多。

师：沙子多不多问题不大，不管是吹向海口的沙滩还是黄土高坡都是可以的。你为什么选择吹向鼓浪屿？

生7：鼓浪屿的房子很旧，很有历史感。有民国的建筑和抗日战争纪念馆。

师：看来你想写一种自然和历史的感觉，你接下来写的游记应该很有看头。不过"向"字不太合适，让一粒沙子吹向鼓浪屿感觉太虚了。改一下增加画面感。

生9：我觉得可以改成"我是一粒沙子，被海风吹落在鼓浪屿的灯塔上。"这样就可以从高处往下看了。

师：精彩的点评啊。特别的视角，高低远近的描写角度。

生10：沙子和水滴都很渺小，有一种渺小和永恒的对比感。

师：你的点评很深刻。能融会贯通了。

生11：我是一片美丽的花瓣，飘然落在桂林的湖面上。

生12：看不出季节和花的种类。

师：是的。桂林雨季特别长，冬春两季基本都在下雨，有时还会下雪，很湿、很冷。真正春天的时间并不是很长，一旦晴朗就特别美。所以你在这里是指什么季节、什么天气、又是什么花瓣呢？

生13：老师，我去过桂林，还要写清楚是什么湖、什么江。

师：是的。桂林有两江四湖，可以查一下资料。漓江的春天纯净自然，江边有很多黄色的报春花和粉红色的桃花，再加上清澈的江水和轻盈的小舟，感觉真的很有诗意。

生14：我是一片树叶，随风飘落在莲花山上。

师：这个句子还可以改动哪些字眼呢？

生15：树叶吧。绿叶代表生机，枯叶代表衰败。

师：对，感情色彩也出来了。

生16：我是一只鸟，缓慢地飞过天空，落在九连山碧绿的茶山庄上。

师：这个"缓慢"有故事。九连山、茶山庄，都让人有新奇感。期待你接下来的游记。同学们通过仿写第一段已经学会借物喻人、借景抒情。

（生朗读第10段）

我乘水车转轮缓缓升高，看到了古城，看到了狮子山上苍劲的老柏树，看到了依山而起的重重房屋，看见了顺水而去的蜿蜒老街。古城的建筑就这样依止于自然，美丽了自然。

生1：这段话有四个"看到了"，是一组排比句，写了丽江古城、苍劲的老柏树、重重房屋和蜿蜒老街。

生2：这里的"一滴水"真像个游客，他在带着我们游览丽江。从高到低，顺着水势写丽江的风景。

师：好。同学们可以仿照这四个"看到了"，紧扣刚才的开头，写一处地方的特色。大家用5分钟的时间写一写。比如一名同学说"我是一粒沙子，轻盈地飘落在撒哈拉沙漠上。"那接下来你要开始写撒哈拉沙漠的特点了。另一名同学写的是"我是一缕风，轻盈地飘在武夷山的山顶上。"那接下来就是描写站在武夷山山顶上看到的景物。如果四个"看到了"难度比较大，可以只写三个。写完之后同学之间交流一下，然后再修改，等会儿我们来分享大家的作品。

（生写作，5分钟。小组交流）

生3：我是一片云，轻盈地飘在九连山上。一会儿遮住了山，一会儿遮住树，一会儿遮住人，好像在游戏人间。

生4：老师，我觉得她写得很好，但是没有按照课文原句仿写，可以吗？

师：可以的。这个仿写已经有灵动性了，没有拘泥于课文的原句，让人感觉眼前一亮。

生5：我是一阵雨，绵绵地打在初春的树叶上。我看到了黄色的雨伞，看到了红色的雨衣，看到了奔跑的小孩。

生6：他的雨写出了季节和色彩，很好。

师："绵绵"两个字还有春雨的味道。让我们想起《春》里的"像牛毛，像花针，像细丝"。同学们渐入佳境啊！

生7：我是一匹马，驰骋在辽阔的草原上。我看到了湛蓝的天空，看到了雪白的羊群，看到了五颜六色的帐篷。

师：一匹马的视角很独特，草原的特点也写出来了，色彩感和画面感很强。

生8：我是一颗种子，一颗蒲公英的种子。一阵微风吹过，一簇雪团霎时散开，我随着风轻悠悠地向远方飘去。

我乘着风，穿过校门，看见了刻有校名的石碑，看见了低空飞过的鸟儿。我来到了一楼架空层，看见了充满童真的、五颜六色的画。我又随着一股微风来到了操场，看见了在操场上挥汗如雨的同学们。

最终，一阵强有力的风将我吹上了天空，落在了教室窗台边。

走廊上十分热闹，充满了青春的气息，我静静地躺在窗台上，感受着青春的美好。

"叮铃铃"，上课铃响了，整条走廊变得空荡荡的。

教室里传出一阵琅琅读书声，每个人都很认真，一丝不苟的神情使我看得入了迷……

"咦，这里怎么有一颗种子？"我被捧了起来。她要带我去哪儿？

她带我来到了花园里，"那就把你种这里吧！"我被轻轻种下，"来年，这里肯定会很美！"她笑道。是的，来年，蒲公英会长满这片土地……

生9：她写得真好，蒲公英的特点被她写出来了，就是轻盈飞扬，还写出了我们学校的特点，让我很意外，她的观察力这么好。

生10：我只写了两小段，她就写了这么多，语言还如此流畅，好佩服！

师：真是非常惊艳的一篇仿写习作，在短短的5分钟里，你能写得如此有诗意。既有阿来的一些语言特点又有属于自己的灵性发挥，真是让人感叹。

生11：我是一片绿叶，从高大浓密的苏木上悄然飘落到丽江古城的青石板砖上。微风轻轻吹着，我便随着它来到了小桥上。我看到了天空。云是飘在天上的丝带，荡漾在碧蓝广阔的天空中，她一点儿也不怯场，在蔚蓝的世界中展开双臂，接受夏天的暖意。这股暖意并不热，风儿总爱挑逗轻盈的白云，和我这般孤零零的绿意。只要风儿吹一口气，我与白云都将往一个方向前进，只是或远或近。我被吹到巷子的墙角里，两栋不高的楼房将我与白云天地分离，我看不见她了。

生12：老师，生11没有按照要求写，不过写得也很好。把云写得很活泼，绿叶还有情感，感觉很生动。

师：是的。一旦进入写作的状态，那么大家的灵感就迸发出来了。生11的文笔灵动自然，绿叶、白云、夏天都有了人的情态，瞬间觉得万物有情，很期待她接下来的文章。虽然很想多分享几个同学的作品，但因为时间关系，我们只能看到这三个同学的作品了。这节课我们的学习就到这里了。

设计意图：读写结合，品味语言，从赏析到创作，从文本到生活，拓宽思维，多角度进行课堂评价，实现文本与学生的互动、生生互动、师生互动。

（三）课后作业

1.必做题：诗说丽江

诗歌是世界上最美丽的语言，请你结合古今描写丽江的1~3首诗歌，用散文的笔法来赏析其中的诗意，250字以上。

2.选做题：图说丽江

丽江之美，在于山、水、人，在于一草一木，在于每一种食物，在于每一片云彩……假如你要做一个小视频来介绍丽江的风土人情，你会怎么做呢？请选择合适的图片，并用300字来描述。

附：

学生仿写习作。

一颗石头的旅行

宁肯

我是一颗石头，被迅疾的大风吹动，被大雨浸润，从山顶滚落到山坡上。

是的，经过了几百年的时间，我慢慢变小、变圆了一些，一直沉睡，不问世事。我身旁的石块一一被人们拉走。起初我不知道为什么，后来听见人们的谈话，才知道这些石块是可以用来筑房的。我不禁浮想联翩，人的生活是什么样的呢？真想圆了这个梦！

又一阵狂风，吹得我晕头转向，我喝醉般地从山坡滚落到山脚下。当我停下来时，我不禁有些感谢那阵风，机会终于来到了，我迫不及待地四处打量。

乡下人家，住在石头房子里，但总爱在屋前搭一个瓜架。或种南瓜，或种丝瓜，让那些瓜藤攀上架棚、爬上屋檐，直到满墙都是藤蔓，在绿油油的一片中藏夹着几朵花儿。当花儿落的时候，藤上便结出了青中带黄，赤红似火的瓜，这一个个红、黄的瓜衬着那长长的藤，碧绿的叶，构成了一道别有风趣的装饰。

石头房子外围，又是另一片无与伦比的美丽。菜地后边，是一片黄油油的油菜花海。风吹时，随风摇摆，好似一片金黄的海浪，一波又一波的摆动着，延绵起伏，迎风招展却不显凌乱，摇曳婀娜又不失优雅。

我看呆了，久久没有回过神来。等我眼神可以转动的时候，发现院子里有一棵苍劲的老树，老树势如飞龙，遒劲有力。再看树下那几丛花，洁白的芍药，橙红的凤仙，鲜艳的鸡冠花，橙黄的大丽菊，它们依着时令顺序开放，朴素中带着几分华丽，显出一派独特的农家风光。

树后，有一片竹林，绿的叶，青的杆，投下一片绿影婆娑的浓荫。也许几场雨过后，到里边可以看见许多鲜嫩的竹笋竞相从土里探出头来。

鸡，乡下照例总要养几只的，它们从房前屋后经过，一只母鸡带着一群小鸡在竹林里觅食，耸着尾巴的公鸡在院子里昂首挺胸，大步地踱来踱去，仿佛一家之主。

要打扫院子了，一个年事已高的老太太哼着不着调的小曲，拿着扫把四处扫动……哎哟，老太太向我走来，一把把我扫下小土坡。哐当哐当……我不由自主地在青石板上摔着、滚着，滚到石桥旁、树荫下、小河边。一群鸭子在水中嬉戏，不时把头扎到水下去觅食，鼓动翅膀在空中滑翔，然后又回到水中，即便河边有妇女在捣衣浣纱，它们也悠然自得。

过了许久，稚嫩的笑声打破了静寂，一群孩子到河边玩耍，光着脚丫子。一个孩子抓起我，奋力一丢，我被抛到空中……映入我眼帘的是袅袅升起的炊烟，男人们把桌子搬到老树底下拉家常，妇女们忙着准备晚饭……

夜幕悄无声息地落下来，竹林中的蟋蟀们唱起歌来，月光透过叶缝星星点点照映着我，乡下人们早已静静地进入了梦乡，村庄一片安静祥和。我似乎也在这安静祥和中沉沉睡去……

【教学反思】

唤醒和体验是阅读教学的芳香小径

（一）唤醒和体验

唤醒学生强烈的生命感悟，引导学生体验个性化的生命意趣，是阅读教学的芳香小径。在理解和感悟了文章的精髓之后进行课堂微写作训练，让学生顺势把已经唤醒的生命感悟付诸笔端，写出个性化的生命体悟。这就是所谓的"近取诸身，远取诸物"，张扬生命的个性，找到语文学习的乐趣。

在活动一"温故知新，复习游记"这一环节中，学生通过口头语言的交流回顾了之前学习《在长江源头各拉丹冬》和《登勃朗峰》的体验，因为刚学完，回忆让学生颇有成就感，从而更有利于进入下一个环节，把原来的体验运用到新的学习情境中。

活动二"默读课文，梳理游踪"，这是本节课的重点。语文学习的重要规律之一是学习者的"自我感悟"，也就是情感体验和思想碰撞。刚开始，学生对于水的感知并没有文中那么深刻，经过讨论和探讨，在文字中、在对话中，学生开始有所感悟。在此之前，学生学过《紫藤萝瀑布》《陋室铭》《爱莲说》，接触过借物写人、借景抒情的写作手法，因此，适时地引入之前学习的知识就可以引起他们的情感共鸣，水可以与物共生，与人共生，与景共生，是生命的一种永恒轮回。

（二）审美和实践

审美就是通过对语言和文字的鉴赏和创造来启发、引导学生体验审美人生，激发学生的想象力、创造力，呼唤生命意识、激发创造精神、塑造文化人格，达成个体生命意识的觉醒。

在活动三的语言品味活动中，通过鉴赏句子和段落，达到对语言内涵的品味。第一段语言简洁明了，语境空灵，视角自由，让孩子们瞬间进入一种充满想象力的环境中。第10段中四个"看到了"写出了古城依山而建，绕水而居，山上松柏苍翠的特点。学生感受到这些景物的特点之后，对丽江充满了想象，而去过丽江的学生感情也达到高潮。

活动三是写作实践活动，对叙事视角仿写。学习本文抓住水城特色用"一滴水"的自述口吻来写，我给出了一些新的叙事视角，这样能较好地唤醒学生的记忆，激发学生的想象，打通语文学习与生活的通道，也为下面的仿写活动提供了支架。

（三）不足和启发

本节课不足之处在于，还可以给学生更多的空间来进行文章解读，对于仿写的选项可以更丰富些、灵活些，让学生进入一种无我的状态，真正把情感和体验从生活中提升，进入到一种文学的审美中。这需要长期的积淀，并非一节课就能实现的目标。

而这次课给我的直接启发是：永远不要低估学生的想象力。有时候我们为了短期利益，一味地花时间在基础知识背默上，而没有对学生进行阅读和写作的引导，会导致学生的"短视"，或者对名著的"无知而狂妄"。现在的学生一听到名著就觉得讨厌，是因为他们从未吃过最好的食物，不知道最好的味道是怎么样的。所以当我们带着学生品读经典的时候，要带着学生在语言和文字的世界徜徉，让学生真正体会到什么才是最好的味道。

（深圳市龙华区实验学校　梁柳忠）

《一滴水经过丽江》教学设计（三）

【教学目标】

（1）积累"矗立、蘸、眺望、苍劲、目眩神迷"等重点字词的音、形、义。

（2）朗读课文，了解本文以游踪为序、以一滴水的独特视角游览丽江的巧妙构思。

（3）赏析精美的句段，体会一滴水的奇幻旅行。体会本文"突出特色、文辞优美、融情于景"的特点。

【教学重难点】

重点：赏析精美的句段，体会本文"突出特色、文辞优美、融情于景"的特点。

难点：尝试在赏析中完成小练笔。

【教学过程】

（一）激趣导入（略）

（二）教学活动

活动一：基础铺垫

1.作者简介

阿来，男，藏族，1959年生于四川省马尔康市，当代著名作家，茅盾文学奖史上最年轻的获奖者，主编过《科幻世界》。代表作有小说《尘埃落定》《空山》《格萨尔王》，2016年，作品《蘑菇圈》获得第四届郁达夫小说奖中篇小说奖。

2.分类积累字词

重点词语积累。

清新雅致词语积累。

生动美妙短语积累。

活动二：**游览丽江**

我是一片雪，轻盈地落在了玉龙雪山顶上。

有一天，我醒来，发现自己变成了坚硬的冰。和更多的冰挤在一起，缓缓向下流动。在许多年的沉睡里，我变成了玉龙雪山冰川的一部分。我望见了山下绿色的盆地——丽江坝，望见了森林、田野和村庄。张望的时候，我被阳光融化成了一滴水。我想起来，自己的前生，在从高空的雾气化为一片雪，又凝成一粒冰之前，也是一滴水。

……

请仿照该部分,以"我是一滴水,从玉龙雪山出发"为开头写一段话。

提示:尽量使用前面提到的清新雅致的词语和生动美妙的短语。

活动三:美点扫描

学生朗读课文13~14自然段,教师示范赏析,学生批注交流。

活动四:趣味发现

出示谢有顺评价阿来的文字,思考:既然山川草木都可以歌唱,为何选择一滴水,而不是一片云、一粒种子、一只鸟、一缕阳光?

(三)随堂练笔

以"物"为媒,你可以化作"鸟""云"等物,简要介绍一下我们的学校。

【教学实录】

(一)导入

师:有人说,生命就是一场旅行,总有一个地方在向你深情地召唤,即使你的脚步不能抵达,心灵也要前往。这节课,就让我们跟随着一滴水,抵达一个让无数人魂牵梦绕的地方,这个地方叫丽江。

(板书课题)

师:在讲课文之前,请同学们先齐读"阅读提示",找出你认为重要的词句画下来,再说说你为什么觉得重要。

阅读提示:这是一篇别具一格的游记作品。与一般游记作品以人的游踪为线索不同,作者化身为一滴水,以水的踪迹为线索,全方位展现了丽江古城的自然风光、历史沿革和人文景观,构思新颖,视角独特。这滴水,自玉龙雪山流下,一路向南,流过美丽的丽江坝,看过初建的丽江城,见证了人世的沧桑巨变;最终在昏睡数百年后再次醒来,来到现代的四方街。他登上水车,远眺古城全貌;跨入小店,领略东巴文字的魅力;投身民居,体验百姓生活的恬淡;之后穿城而出,欣赏古城五彩斑斓的夜和旷野宁谧澄澈的美;在得偿夙愿后,跃入金沙江,完成了圆满的丽江之行。朗读课文,注意想象这滴水的奇幻生命旅程,体会作者写景中饱含的情感。

生1：我认为"游记""一滴水"这两个词语很重要，因为"游记"交代了这篇课文的类型，"一滴水"则是这篇课文的线索。

生2：我觉得"视角独特"这个短语也很重要，因为这篇课文的写作角度很特别，跟一般的游记不太一样。

生3："玉龙雪山""丽江坝""四方街""古城"等这些词语也很重要，因为通过这些词语，我们可以知道一滴水都到过了哪些地方。

师：很不错，同学们的感知力还是非常好的，刚刚三位同学都找得很准确，而且理由也很有道理，概括说来就是阅读游记要关注到游踪、视角和描写的景物。接下来就让我们一起走进《一滴水经过丽江》，感受它别具一格的魅力。

设计意图：此环节设计的目的是让学生先对课文有一个整体的感知，从"一滴水"这个特殊的角度入手，加深学生对课文的理解，降低学生理解课文的难度。

（二）常识积累

师：这节课，我们将从以下6个环节来学习这篇课文，首先来看知识卡片——关于作者。

PPT显示：

阿来，藏族，当代著名作家。阿来的文学生涯是从写诗开始的，所以他的散文往往带有浓烈的诗意。

师：关于这个"诗意"，我们一会还有深入的了解。

PPT显示：

2000年，年仅41岁的阿来凭借长篇小说《尘埃落定》荣获第五届茅盾文学奖，成为茅盾文学奖史上最年轻的获奖者。他还获得2015年诺贝尔文学奖提名。

师：那么，阿来又是如何与丽江结缘的呢？2012年6月，阿来第三次到达丽江，并应允写一篇适合中小学生阅读的、有关丽江的文章，这样《一滴水经过丽江》就应运而生了。请看知识卡片二——关于创作。

PPT显示：

关于丽江，阿来是相当了解的，早年他就先后阅读过《云南简史》和《云南史料丛刊》，这都为他写作本文提供了重要支撑。

师：我们都知道读万卷书不如行万里路。

PPT显示：

正如作家孙犁所说："'两万'的关系，'读万卷'应该在前，'行万里'应该在后，不然，只是走了路、爬了山，还是写不出好的游记来。"

师：这是不是也给了我们些许启示呢？

生：要多读书、多积累。

设计意图：知人论世，让学生通过学习作者简介和写作背景加深对课文内容的理解。

（三）字词积累

师：没错！这是一篇游记，作者用诗意化的语言为我们讲述了一滴水的游踪，字里行间自然少不了诗意化的词语，下面就让我们一起来熟悉一下这些词语吧！（出示知识卡片三）

PPT显示：

1. 重点词语

蘸（zhàn）　矗（chù）立　轻盈（yíng）　喧（xuān）哗　眺（tiào）望　硕（shuò）大　喧腾（téng）　苍劲（jìng）　目眩（xuàn）神迷

2. 清新雅致的词语

轻盈、跌落、凝成、矗立、映照、苍劲、翡翠、眺望、擦拭、硕大、蜿蜒、徘徊、流淌、喧腾、水流漫溢、亭台楼阁、目眩神迷、晶莹夺目、五彩斑斓、夜凉如水。

3. 生动美妙的短语

绿色的盆地、曲折的水道。

安静的深潭、岩石的味道。

远眺的目光、苍劲的柏树。

碧绿的翡翠、硕大的银盘。

穿城而过的水流、古城五彩的灯光、游客聚集的茶楼。

（生齐读词语，注意拼音和字形，老师点拨重点字词）

设计意图：夯实基础，借助词语再次梳理文章内容。

（四）游览丽江

师：充分铺垫过后，我们一起进入活动二：游览丽江。课前老师布置了预习作业，让你们以一滴水的身份，画出路线图，老师收上来看了一下，感觉有几名同学画得相当精致，咱们先一起欣赏，注意哦，你就是这滴水，叙述时要注意人称的转化。

（师出示2～3个学生的作品）

生：我从玉龙雪山出发，变成一滴水后，扑向山下，来到丽江坝，流经草甸，跌落到落水洞，从黑龙潭冒出来，来到四方街，转到大水车，又跌落到玉河，然后又被盛到水壶中，浇在了花上，又跳入玉河，来到喧腾的金沙江边，跃入江流，奔向大海。

师：梳理得很不错。过程叙述得很完整、很详细，一看就知道阅读得很仔细。但是感觉没怎么用到我们出示的词语。下面我们就一起来写写这滴水的游踪，注意人称，尽量使用前面提到的、清新雅致的词语。

（生准备，5分钟左右）

设计意图：通过这一环节，锻炼学生有目的地浏览课文、梳理信息的能力，也有效地衔接了上一个环节的内容，教学环节流畅。

（五）美点扫描

师：好，看同学们都写得差不多了，有哪位同学愿意展示一下？

生：我轻盈地落在了玉龙雪山顶上，然后喧哗着扑向山下，来到了充满魅力的丽江坝，在这里我看到了象山、狮子山，还有笔架山，后来我知道名字四处流传的四方街。接着，我跌落到落水洞，然后又从黑龙潭冒出来，看到很多不同模样的人，这里就是丽江了。顺着玉河，我来到了四方街，被扬到了大水车上，看到了古城的全貌，还看到了狮子山上苍劲的老柏树，还有重重房屋和蜿蜒老街。然后，我穿过了一道又一道的小桥，经过银器店、玉器店、演奏音乐的院子和售卖纳西族东巴象形文字的字画店，接着被一个浇花人盛入壶中，浇在花上后，我又跳入玉河，流出古城，来到城外的果园和田地里，头顶星光奔流至金沙江边，跃入江流，奔向大海。

师：很好，这位同学的描述很流畅、很细致，也很精确，老师就像跟着你们一起游览了一遍丽江一样。这里我们要明确，游记不是简单的参观记录或是单调的景物描写，它是一种内容丰富、形式自由的文体，好的游记既要得读书思考之助，也要讲究写法上的创新。在这两个方面，这篇课文都能给予我们很大的启发。在知识卡片中，我们有提到，"阿来的文学生涯是从写诗开始的，所以他的散文往往带有浓烈的诗意。"

师：下面就请同学们带着自己的慧眼再次进入课文，找找文中富有诗意的句子，并进行赏析。大概5分钟，可以小组一起探讨研究。老师先给大家做个示范。

（生读PPT）

"我经过叮叮当当敲打着银器的小店。经过挂着水一样碧绿的翡翠的玉器店。经过一座院子，白须垂胸的老者们，在演奏古代的音乐。经过售卖纳西族的东巴象形文字的字画店。"连用四个"经过"，巧妙选取了银器、翡翠、古代音乐、东巴象形文字等极富纳西民族特色的事物，构成了一幅热闹勤奋的市井民俗图，展示了丽江的人文风情和地域特色。"水一样碧绿的翡翠"巧用比喻，写出了翡翠的颜色碧绿、质地晶莹，生动而美好。

（生批注，然后小组交流。5分钟）

生1：我找到的句子是"我乘水车转轮缓缓升高，看到了古城，看到了狮子山上苍劲的老柏树，看到了依山而起的重重房屋，看到了顺水而去的蜿蜒老街。"这句话连续使用"看到了"，赋予简略传神的描写一种抒情的意味，句子内部有长有短，有整有散，节奏多变，带着诗句一般的弹性。

生2：我找到的句子是"我确实想停下来，想被掺入砚池中，被蘸到笔尖，被写成东巴象形文的'水'，挂在店中，那样，来自全世界的人都看见我了。"这句话连用两个"想"、三个"被"，"那样"与"来自全世界的人都看见我了"断开，在有意识的重复中，在长短节奏的鲜明对比中，强烈地表达了"一滴水"的心愿。

生3：我找到的是课文最后一段。这段话反复强调"作为一滴水"，连续使用"我来到""我知道""我终于"，形成一种语言上的复沓，不断突出抒情主体，包含了无尽的欢欣、无穷的感慨，有着浓重抒情诗的韵味，强烈叙事诗的厚重。

师：以上三位同学赏析得非常好，作者善于将漫长的时间、广阔的空间浓缩起来，凝聚在某个具体的点上，使文章的语言富有厚度和质感，能引发读者的联想与想象。例如"四方街筑成后，一个名叫徐霞客的远游人来了，把玉龙雪山写进了书里，把丽江古城写进了书里，让它们的名字四处流传"，既凝练又不失形象地概括了丽江古城建成后的"成名史"，语句的历史感很强，有着叙事诗一般的厚重。除此之外，"古城的建筑就这样依止于自然，美丽了自然""这些人来自远方，在那些地方，即便是寂静时分，他们的内心也很喧哗；在这里，尽情欢歌处，夜凉如水，他们的心像一滴水一样晶莹"等，这些句子或直接评述，或制造反差，既表现了丽江人与自然和谐相处、让人心灵沉静的特点，也透露出某种文化、人生的哲思，带有哲理诗一般的睿智。

设计意图：在梳理课文的基础上发现美、感知美，尽量能受到作者美的熏陶。在赏析的过程中，加深学生对课文的理解，也能使学生对作者的情感有一个准确的把握。

（六）**趣味发现**

师：如此有诗意的语言，读起来真是令人神往。除了这令人神往的语言，这篇游记还有一个"别具一格"的特点，想必同学们都已经发现了吧？

生：作者通篇都以"一滴水"的视角在叙述。

师：没错，作家谢有顺就说过："阿来的写作就是这样一种有声音的写作，这些声音可能发自作者的内心，也可能发自山川草木……每种生物都可以唱歌，关键是，你是否有那个心和耳朵来倾听。"那么，既然山川草木都可以歌唱，作者为何就偏偏选择一滴水，而不是一片云、一粒种子、一只鸟、一缕阳光？

（师出示PPT）

生1：丽江本身就以水见长，联合国教科文组织世界遗产委员会对丽江古城的评价中就指出，丽江"拥有古老的供水系统，这一系统纵横交错、精巧独特，至今仍在有效地发挥着作用"。水既是风景，也是丽江人与自然和谐相处的象征，作者选择"一滴水"而不是"一片云""一只鸟"，充分考虑了描写对象本身的特点。

生2："一滴水"既通古贯今，又由高而下，有利于把时间和空间这两条线索结合起来，使文章形成有机的整体。游记离不开游踪，但具体、实际的游踪又容易将作者束缚住，使文章在表现方面面临种种局限，于是作者巧妙地利用水滴的流动解决这一问题。

生3：用"一滴水"贯串全文的另一个好处是获得了自由的视角。作者在描写景物时，选用视角非常灵活，"看"的方式也很多样：时而居高俯瞰，时而由远观近，时而升高远望，时而仰视天幕，时而抵近细察，时而一瞥即逝。如此多样的视角和观察方式，使得文章对描写对象表现得既全面又灵动，如果采用传统的"作者游踪、作者视角"的写法是很难做到的。

师：没错，是这样的，灵活的视角和观察方式使作者在安排文章时得心应手、游刃有余。"一滴水"既是观察者，也是"丽江故事"的讲述者，它在文中或娓娓道来，或直抒心曲。虽然游记的抒情多采用第一人称，但设置"一滴水"这样一个人格化的文本内部抒情者无疑增强了文章的抒情性和交互性，也使得情感的表达更加真切深挚。

设计意图：再次回归本文的特点，以"一滴水"的角度来描写丽江，为下一个环节"随堂练笔"的顺利展开做铺垫。

（七）随堂练笔

师：受到作者阿来的启发，想必同学们也要摩拳擦掌了吧。本单元的写作任务就是学写游记，我们不妨仿照阿来的笔法，自己也来写一篇游记吧。

（师出示PPT）

师：以"物"为媒，你可以化作"鸟""云"等物，简要介绍一下我们的学校。抑或是同学们感觉学校太小，不好发挥，也可以写写你们曾经游览过的地方，北京、上海、四川、重庆、黑龙江……抑或是你的家乡。好，写起来吧！

（生动笔写作，10分钟左右）

师：写得怎么样了？

（全班分享、交流作品）

附：

师出示范文。

一只鸟的决定

我是一只鸟，一只只知道埋头飞翔却不知道短暂停留欣赏风景的鸟。

这一天，我被歌声吸引，停留在一座教学楼的顶端观望。"杜鹃花盛开，观澜河欢唱，美丽的二中，是我们生长的地方……"还有一面校旗伴随着歌声冉冉升起。嘹亮的校歌响彻校园，鲜艳的旗帜随风飘扬。一群阳光可爱的少年，整齐划一地站在操场上，精神抖擞、意气风发，每一个少年的目光都追随着校旗，缓缓上升。站在高处的我，已被这些目光所震慑。为了缓解一下心中的紧张情绪，我也缓缓飞起，尝试着以一位学生的身份，从大门飞进校园。

一进校门，迎面而来的是一条笔直的校道，校道两侧是两排小树，微风吹来，小树轻轻摆动，好像在跟我招手，树上也有几只小鸟，叽叽喳喳，热闹极了，它们貌似早已习惯了这里的一切，但对于我而言，这里的一切都是新奇的。校道的左边是宽阔的操场，操场上郁郁葱葱的，生长着茂盛的小草。校道的右边就是初二教学楼，透过初二教学楼，就是致远楼，两座教学楼中间隔着一条羊肠小道，点缀着花草树木、假山怪石，还有常年哗啦啦流淌着的小池塘。清澈的池塘中还有成群结队的小金鱼，三三两两、游游停停，似与我相乐。一声蟾蜍的鸣叫，打碎了这片宁静。这小家伙一定是太好客了，看我沉醉于赏鱼，没有注意到它们，它们便主动跟我打起了招呼。

穿过钟楼，又是一片新的天地。

左边是初三教学楼，站在走廊的护栏上，可以清晰地看到漂亮的黑板报。透过教室明亮的玻璃窗再往里瞧，是一张张洋溢着幸福的笑脸，像极了娇艳的花朵。琅琅的读书声从各个教室里传出来，像动人的大合唱，把美妙的音符撒向天空。此时的我，不知是借着清风飞翔，还是伴着乐章漫舞。这感觉，美妙极了。

右边是科学楼，科学楼的第一层是图书馆，透过茶色的玻璃，望见里面一列列的书柜，整齐地摆放着各种书籍。我边飞边观望，书香飘逸，令我留恋。

就这样，我也不知盘旋了多久，在这期间，铃声响过数次，操场也从喧闹到宁静，从宁静再到喧闹。暮色如薄纱轻轻笼罩而来。

作为一只鸟，追求自由是我的宿命，但疲倦的飞翔定会剥夺我欣赏美好的权利，于是，作为一只鸟，我决定栖息于此。与朝阳为伴，与暮日为友，聆听琅琅书声，凝望张张笑脸。

设计意图：学有所用，借助作者阿来的写作特点，推进游记的写法引导，让学生初步感知游记的写作技巧，趁热打铁，多积累一点美词佳句，为自己的写作增光添彩。

师小结：一滴水，爱上古城丽江，书写了一场天荒地老的旷世绝恋！纵贯时空长河，一滴水，让丽江这座灿若星辰的历史文化名城，于泱泱华夏锦绣河山的巍然天宇中，特立独行，熠熠生辉！纵使天旋日转，岁月厮磨，斗转星移，远山长天依旧，一滴水演绎了这场史诗般的恢宏之恋。

愿同学们能永远保持着在路上的状态，不论身体还是灵魂，都能遇见最真的自己。下课！

【教学反思】

在反思中前行

（一）自省自知

本文是一篇游记，与前边几篇游记不同的是，这篇游记的主人公不是一个人，而是"一滴水"。独特的写作视角是这篇文章最大的特色，因此我将教学重点放在了这一部分。但因大部分学生没有去过丽江且想象能力有限，因此可以通过图片或视频的形式导入，使学生有一个直观的认识，让学生对本节课的教学内容产生兴趣，兴趣是最好的老师。

在小结概括游踪环节时，可能是我问题设计的支点不够清晰，如果没有资料书的辅助，学生不一定能很好地进行概括。也就是说，在课堂提问的过程中还缺乏艺术性，缺乏主问题的引领，也缺乏适宜的科学引导，学生找不到问题的切入点，就很难准确地理解问题，进而也难给出合理的解答，师生互动不足，学生思考的深度也不够。这就要求我在今后的教学设计中寻找提问的技巧，科学地为学生提供学习的支点。

书读百遍，其义自见，但我在本堂课上的朗读较少，品析美句时可以顺势让学生进行朗读。这是一篇自读课文，应该充分发挥学生的主观能动性，把更多的时间留给学生，让学生读，让学生悟，让学生自主质疑，让学生自主解答，基于本单元前三篇课文的学习，教师再给予针对性的指导，让学生在"自治"的氛围中轻松学习，掌握知识。

（二）提质增效

教学目标逐一落实，教学重难点也明确体现，基础知识的夯实对基础较薄弱的学生是特别关键的。阅读方法指导得比较到位，如在学生梳理游踪时发现有些困难，我能及时提示学生应关注表示地点的词语。因为"随文写作"训练是在阅读教学中教给学生写作的各种技巧和方法。所以，在教学中提示学生关注的阅读知识点也可以顺势运用到学生的写作过程中。

我还比较重视对学生情感态度与价值观的培养，将立德树人的理念贯穿课程教学的始终。例如品析这滴水结束丽江之旅奔向大海的情节时，能够联系学生生活，进行树立阶段性目标的引导。同时，尽可能给予学生充分的发挥空间，对同一句话，鼓励学生从不同角度多多提出自己的看法。

最后，我还顺势引导学生学以致用。接近课堂的尾声，我趁热打铁，让学生进行不同视角的写作训练。阅读与写作是相互促进的，学生能够举一反三，写出《一只蚂蚁的旅行》《一只鸟飞过观澜二中》《一滴雨经过村庄》等片段。

每一次总结都是一次自我升华，每一次反思都是一次自我洗礼。带着"复前行，欲穷其林"的执着，期待每一次"复行数十步，豁然开朗"的结果。

（深圳市观澜第二中学　邹鑫晶）

《秋天的怀念》教学设计（一）

【教学目标】

（1）学习本文运用的多种心理描写方法。

（2）能运用所学心理描写的方法补写细节。

【教学重难点】

学会运用多种心理描写的方法写出曲折动人的人物心理。

【教学过程】

（一）情境导入（略）

（二）知识铺垫

1.检查预习

积累一组动词、一组形容词、一组成语。

2.说一说：名家眼里的史铁生

请同学们在小组内读一读自己所摘录的名家眼里的史铁生，并且说一说自己的理解。

3.解题

标题"秋天的怀念"可以换成"怀念秋天"吗？

（三）课堂活动

活动一：对话文本，何以倾心

找出作者情感变化的线索，从文中摘抄或者自己概括出四字词语补充在横线上。

师引导学生交流总结方法。

方法一：惊心的动词见心理。

方法二：面部神态露心理。

方法三：匠心景语寄心理。

活动二：付诸笔墨，补写心理

请同学运用所学的方法，从三处母亲欲语又止的省略句中选择一处，揣摩母亲或者作者的心理。

【教学实录】

（一）情境导入

同学们，在写作中，我们有没有过这样的想法：我的生活很简单，没有什么曲折的经历，所以我写不出情节曲折且有波澜的文章。但被称为"法兰西的莎士比亚"的雨果告诉我们："世界上最宽阔的是海洋，比海洋更宽阔的是天空，比天空更宽阔的是人的胸怀。"所以，当我们学会挖掘、描写比天空、大海更为广阔、深邃的心理时，我们的文章就如一条河流，兴起波澜。今天我们就一起来向史铁生先生学习心理描写的方法。

（二）知识铺垫

1. 检查预习

积累一组动词：侍弄（区别：侍与待）、捶打（区别：锤打是用锤子打；捶打是用手打）、央求、诀别（再无会期的离别，死别）。

积累一组形容词：沉寂、憔悴（区别：瘁与悴）、淡雅、高洁、烂漫。

积累一组成语：翻来覆去（注意"覆"字）、喜出望外。

2. 说一说：名家眼里的史铁生

请同学们在小组内读一读自己所摘录的名家眼里的史铁生，并且说一说你的理解。

PPT显示：

陈村说："别人用腿走路，丈量大地。史铁生从腿开始思想，体察心灵。"上帝为他关上了一扇门，他用一支笔撬开了一扇崭新的门。

生1：周国平说："史铁生不是一个残疾人和重病患者，他自由的心魂漫游在世界和人生的无疆之域，思考着生与死、苦难与信仰、残缺与爱情、神命与法律、写作与艺术等重大问题，他的思考既执着又开阔，既深刻又平易近人。"我的理解是生命的完整不只体现在肉体上，更体现在精神上，后者比前者更为重要。

生2：韩少功说："这位用轮椅承载着生命之躯的作家，在精神'上帝'——地坛的引领下，战胜了死神，超越了自我，因此，他虽然注定了不能像余秋雨那样进行'文化苦旅'，不能像周涛那样'放牧长城'，更不能像马丽华那般'西行阿里'，但他可以'躺在轮椅上望着窗外的屋角，少一些流浪而多一些静思，少一些宣谕而多一些自语'。"这让我想起当下流行的一句话，心和身体总要有一个在路上，史铁生无疑是心一直在路上的人。

3. 解题

师：标题"秋天的怀念"可以换成"怀念秋天"吗？

生：我认为不能换，怀念秋天感觉是写景散文，但本文应该是一篇写人的抒情散文。

师：你太敏锐了，知道从写作对象的角度来辨识。根据语法结构，前者是一个偏正短语，中心语是怀念，重在抒情，表达了作者对母亲的怀念，秋天是修饰语，渲染了氛围。怀念秋天是动宾结构，本文不是写秋天的写景散文，所以不能换。

设计意图："说一说，名家眼里的史铁生"这个活动设计是希望学生通过自己查资料，加深对作者的印象，"说一说"是想锻炼学生的表达和理解能力。解题是读文的关键，题即文眼，这是判断学生阅读能力的一个常见考查点。

（三）课堂活动

活动一：对话文本，何以倾心

拐出作者情感变化的线索，从文中找词，或者自己概括词语补充在横线上。

_____的我，谨慎包容的母亲

↓

_____的我，乐观坚强的母亲

↓

_____的我，永远离去的母亲

生：我填的分别是喜怒无常、自暴自弃、坚强勇敢。

师：第一个空主要是根据第一段来概括，你填的喜怒无常是根据原文的词稍加改动，不错，也可以直接用原文中的"暴怒无常"。第二个空主要是根据二、三、四段，母亲饱受肝病的折磨，却隐瞒"我"，独自默默忍受，还一直努力鼓励封闭的"我"走出家门去赏花，去感受生活的美好，这个时候的"我"可以说是自暴自弃，灰心丧气的。第三个空是根据最后一段，这个时候的"我"已经理解了母亲的用心良苦，重新燃起了生命的热情，所以你用坚强勇敢也是恰当的，老师也填了一个：重获新生。大家还填了哪些词？

生（补充）：自私自利、痛不欲生、自闭压抑、自我沉沦、悲观痛苦、拥抱生活、热爱生命……

设计意图：文章通过强烈的对比凸显了母爱的伟大，每一组对比都有强烈的心理情感流露。所以探究怎么表现心理之前，先要梳理出心理的变化才能有的放矢。

师：有一位数学老师说，听到语文课堂里播放的《秋天的怀念》朗读时，感动得眼眶都湿润了。作者是如何呈现自己的跌宕起伏、惊心动魄的心灵世界的，从而引发如此大的共鸣呢？

方法一：惊心的动词见心理

PPT显示：

望着望着天上北归的雁阵，我会突然把面前的玻璃砸碎；听着听着李谷一甜美的歌声，我会猛地把手边的东西摔向四周的墙壁。

我狠命地捶打这两条可恨的腿，喊着，"我可活什么劲儿！"

师：请同学们评注这两句话中的动词，还可以找出文中其他动词加以批注。

（小组内交流，请两个小组代表汇报）

师小结：动作行为是人内心世界最无声且有力的语言。这一组句子中的动词都是作者内心世界最有力的宣泄，动作的力度越大，情感表达得越沉重，再加上"突然""猛地""狠命"的修饰，更强化了动作之迅猛，让每一个动词都重重地落到读者的心头，沉重地压迫着读者的呼吸，把紧张的神经绷得死死的。想一想，一位二十出头的年轻小伙，风华正茂、正值绚烂多彩的青春年华，遭遇高位截瘫这样人生的不幸，他的脾气因而变得阴郁无比、暴怒无常，这么复杂沉重的情感只凭这几个动词传达得多么的精准、惊心。被肝病折磨得整宿睡不着的母亲却默默地包容、忍让、陪伴、呵护、鼓励着这样的"我"，大爱无言，大音希声，不过如此吧。

方法二：面部神态露心理

PPT显示：

她憔悴的脸上现出央求般的神色。

我的回答已经让她喜出望外了。

师：请同学们评注这两句的神态描写。

（小组内交流，请一个小组代表汇报）

师小结："憔悴"暗示出母亲在病魔的折磨下身体已经十分不好；"央求"反映出母亲既盼望儿子早日摆脱阴影，又怕自己支撑不到那一天的复杂心理。"喜出望外"写出了一位活得最苦的母亲无比渴望与儿子一同重温儿时的美好回忆，渴望儿子重拾生活信心的心情。多么无私、伟大、坚韧的母亲啊，我们是不是也能看到自己母亲的影子？

方法三：匠心景语寄心理

PPT显示：

又是秋天，妹妹推我去北海看了菊花。黄色的花淡雅，白色的花高洁，紫红色的花热烈而深沉，泼泼洒洒，秋风中正开得烂漫。我懂得母亲没有说完的话。妹妹也懂。我俩在一块儿，要好好儿活……

师：请同学们评注这一处的景物描写，体会作者当时的心理状态。

（小组内交流，请两个小组代表汇报）

师小结：最妙的是这一处景语，意蕴无穷。"一切景语皆情语"，鲜艳的花色，烂漫的花姿，而"我"也已不再伤感、颓废，表现作者对生命的渴望与眷恋，表明"我"和妹妹实现了母亲生前的遗愿，感受到生活的美好，要坚强地活下去。

而且作者选择的菊花而非其他，也是独具匠心的，菊花经历风霜，有顽强的生命力，高风亮节。菊花的颜色多种多样，含意也不尽相同：黄色的菊，淡淡的爱；白色的菊花，在中国有哀挽之意；紫红色的菊花，娇媚。同时菊花象征长久，菊花在秋季开放，所有这些花语、花的特性都与文章内容和情感严丝合缝，为情感的表达增添了情致和诗意。

设计意图：找出表现心理的词句，然后体会人物心理，再上升到方法小结，加深学生对心理描写方法的把握。通过同学们的反馈，发现内心独白是他们最容易辨识的心理描写方法，但是环境衬情、动作达情、神态传情、幻觉梦境达情等，是他们不擅长的心理描写方法。

活动二：付诸笔墨，补写心理

师：这篇文章写母亲，对母亲的直接描写较少，但是一位坚强细腻、无私忘我的伟大母亲形象活脱脱刻在了读者的脑畔。作者结尾说，"我们"懂得了母亲没说完的话，作为读者的我们也懂得了吗？请同学运用所学的方法，从三处母亲欲语又止的省略句中选择一处，揣摩母亲或者作者的心理。

PPT显示：

第一处：母亲扑过来抓住我的手，忍住哭声说："咱娘儿俩在一块儿，好好儿活，好好儿活……"

第二处："还记得那回我带你去北海吗？你偏说那杨树花是毛毛虫，跑着，一脚踩扁一个……"她忽然不说了。

第三处：别人告诉我，她昏迷前的最后一句话是："我那个有病的儿子和我那个还未成年的女儿……"

第三处补写示例：母亲的目光最终停在了窗台的一盆菊花上，那盆花叶子稀疏，花瓣零落，但是杆依然直立，仿佛积蓄着一股力量在等待下一个花期，尽情绽放。

生1：我补写的是第一处：此刻的我仿佛听见了母亲彼时心底的呐喊：如果用我的痛苦能换取你的快乐，我愿意；如果用我的生命长度可以换取你的活下去的勇气，我愿意。

师：你这是运用内心独白法来展示人物心理，没有在我们今天重点讲的方法之中，但是内心独白确实是非常重要的一种人物心理描写的方法。

生2：我补写的是第二处：母亲的脸上泛起了久违的笑容，舒展的眉眼，似新生的日出，明媚而动心，又仿若枝头刚吐的新芽，温柔了时光。

师：你是通过人物神态描写，书写人物内心世界，语言简练，很有诗意。

生3：我补写的是第二处：我看见了母亲因无奈而濡湿的眼眶，从她深情的眼眸里透露出她无限的忧伤。脑海里回想起那与母亲快乐的日子，在双腿瘫痪前与母亲去看花，漫游在花的海洋里，美好短暂的日子怎能不令人遐想？可如今，日子一天天变得乏味枯燥，夜晚的星星失去了光芒，连清晨的日光都没有了温度，院子里昔日活泼俏皮的黄菊，似乎也已凋零。她多想帮我分担那痛苦不堪的生活啊，她也曾说，假如我依旧能够如朝阳般快乐向上，假如我依旧能够幸福，那么她愿意为了我付出所有，只要我能好好地活，快乐地活，幸福地活。

师：你的学习能力很强，交叉运用了多种心理描写的方法，语言积累也很丰厚，用到了"濡湿""遐想""眼眸"等精美文雅的词。

生4：我补写的也是第二处：我看着她的眼睛，因为开心而缩小的瞳孔，映出了我的童年，我思绪万千地将头转向窗户，那儿有一盆母亲疏于侍弄的菊花，在阳光的渲染下安静不语，它一根根清晰的脉络，舒展着，显得那般岁月静好。我也记得，记得那一个刻在心底的故事，但又能怎样，没有正常人的健全，我什么都不是。她忽然不说了。

师：你的刻画非常精细，"因开心而缩小的瞳孔"都被你观察到了，景物描写中还运用到了我们学的新词"侍弄"。

生5：我补写的是第三处：家里的花儿开得灿烂。母亲走后，我又去买了些花种上，每天都悉心照料，坐在桌前，望着它们，它们也报以微笑。床边的收音机，传出一段悠扬的旋律，飘进耳朵，我笑了，抬头望望窗外，一个身影，仿佛若隐若现。她的嘴角浮起一丝微笑，欣慰地看着我，是啊，我懂，一定要好好儿活。

师：爱之深，思之切，你的补写很深情。

设计意图：检验学生对课文的理解能力，对人物心理的揣摩能力，以及学以致用的迁移能力。学生的代入感是很强的，亲情是人最有共鸣的情感。

（四）课堂小结

师：一切物象皆由心象决定，让我们以多种心理描写方法为器具，勇敢地去发掘隐蔽的内心世界吧，希望我们每一次的抒写都离真善美更近一步。

【教学反思】

给学生一个写作支点

（一）关于教学目标的反思

目的确定的主要根据是教材的单元指导说明、初一学生的学情以及"主问题"和"一课一得"的理念，还有工作室的"随文写作"理论。

《秋天的怀念》是七年级上第二单元的课文，本单元的单元说明里强调：教学要在整体感知全文内容的基础上体会作者的思想情感。有的文章情感显豁直露，易于直接把握；有的则深沉含蓄，要从字里行间细细品味。本文的情感表达属于后者，深沉含蓄。所以解读文本的核心就是抓住关键语句，披文入情，披文求法。

从学生的写作来看，学生相对较擅长叙事，不善描写，而成功的心理描写不仅能生动深刻地表现人物的内心世界，更好地揭示人物的思想变化、性格特点，还能使人物形象更加丰满，更具有立体感。加之，《秋天的怀念》是一篇刻画细腻的抒情散文，文章对"我"和母亲的多种描写都是工笔描绘，文短情长，所有的描写都是指向人物丰富而敏感的心理。所以，我锁定了心理描写方法，引领学生深入文本，体会感情。

余映潮老师主张的"主问题"教学设计法以及戴老师常谈的"一课一得"这两个理念令我受益匪浅，有拨开云雾见天日之感。从以前解读文本全而不详到精而求实；从以前追求热闹的课堂，到总是想着学生收获了什么、提高了多少。

"随文写作"，笔者觉得是文本解读的更高层次了，直接将"一课一得"引向更高处的"一得一用"。因此，学生的理解和教师的讲授必须更精准透彻，才能落实到写。

综上，教学目标确定为学习心理描写的方法并加以运用，笔者还是觉得比较妥当的，有教学价值，也紧扣了文本特性。

（二）关于教学活动设置的反思

王荣生教授在《阅读教学教什么》一书中讲到，以文学的姿态阅读文学作品，主要指两种情况：一是浸润式感知；二是借助文学解读的工具或行家的指点扩展、加深对作品的理解和感受。我觉得在语文课堂上发生的主要是第一种，即感知由文字、声音唤起的形象和情感，充分地体验和分享文学作品所传递的人生经验和语文经验。

我设置了两个活动环节，重点是第一个活动——"对话文本，何以倾心"，即学习作者如何运用心理描写，倾泻内心情思。从惊心的动词、神态描写、景物衬情三个角度来体会作者的情感，体会母亲的伟大。其优点是学生在老师的带领下，目标很清晰地批注文本，在讨论中能够较深入地体会情感，掌握技巧。弊端是老师牵引着读，很多个性化的解读就被阻挡在外，只能通过课外的批注去弥补了。另外，就是感觉品读的方式比较单一，缺乏变化的灵动感，如果能够在阅读中增设一些情境，激活学生的思维，课堂效果会更好，但是匆促之间，又没有很好的点子，只能留着在以后的教学和教研中弥补此憾了。

（三）关于目标达成的反思

在写作中，学生其实不会去想自己运用什么方法，他们是想到什么写什么，往往是交叉运用多种心理描写的方法，如内心独白法，我并没有讲授，但是学生已经在用了。其实学生已经不自觉地掌握了一些心理描写的方法，通过教学想改变的是让他们能将无意识变为有意识，以后在自己阅读和写作中有意识地去积累，有意识地去运用。总体来说，目标达成还是比较满意的，很多同学都能在课堂上完成这个小练笔。

我由衷感叹：给学生一个支点，他们可以撬动写作这块顽石！

（深圳市观澜第二中学 欧阳娅）

《秋天的怀念》教学设计（二）

【教学目标】

（1）熟读课文，把握课文情节。

（2）赏读课文细节，把握人物形象，理解人物情感。

（3）借作者的故事，理解"好好儿活"，懂得理解、感恩父母。

【教学重难点】

重点：赏读课文细节，把握人物形象。

难点：理解"好好儿活"背后蕴含的情感。

【教学过程】

（一）导入

（1）学生齐读"预习"提示，初识作者。

（2）补充材料，了解写作背景。

（二）教学活动

活动一：**借词概括，把握情节**

（1）快速浏览课文，把握课文内容。

（2）勾连课后词语，选词填空，梳理课文情节。

活动二：**畅谈细节，回忆母亲**

勾画细节，分析母亲形象。

活动三：深挖情感，反思自我

（1）关注细节，深挖作者的复杂情绪。

（2）对话演读，感受母子情感的"不对等"。

活动四：品评"好好儿活"，感恩重生

（1）整体回顾，理解母亲临终前"好好儿活"的殷切期盼。

（2）想象与母亲的对话，感恩母亲，弥补作者的遗憾。

（3）回归标题，感悟结尾段"菊花"象征的意义。

（三）作业布置

（1）请借此文章写一段给你父母的告白信。完成告白信后，将它送至父母手中，用你觉得最合适的方式表达你对父母的感激或愧疚之情。

（2）拓展阅读《我与地坛》，了解史铁生与母亲的其他故事。

【教学实录】

（一）导入

师：请同学们齐读"预习"提示中第一段文字的第一句。

生（齐）：史铁生是当代文坛一位非常特殊的作家，他双腿瘫痪，又长年患病，却一直在和病魔抗争，这种生存状况使他的作品带有一种独特的气质。

师：史铁生算是一位比较特殊的作家，因为他职业是生病，业余是写作。今天我们一起学习他的一篇散文，借此初步感受他作品中丰富的情感。

（板书：秋天的怀念）

师：先请大家读一下这段文字，了解一下作者的写作背景。

（学生齐读）

PPT显示：

此文写于1981年，最初发表于当年的《南风报》上，那年史铁生30岁。在史铁生21岁时，也就是1969年，他到陕北延安"插队"。三年后他因双腿瘫痪回到北京，在北京新桥街道工厂工作，后因病情加重回家疗养。在生龙活虎、绚丽多彩的青春年华遭遇到生命的不幸，因而他的脾气变得阴郁无比、暴怒无常。而他的母亲此时肝病相当严重，常疼得整夜睡不着觉，可她将儿子瞒得紧紧地，仍鼓励儿子好好活着。母亲猝然离去后，史铁生写下了这篇文章以纪念他的母亲。

设计意图：阅读"预习"部分是希望学生关注文本的非主体部分，充分利用边角知识获取补充材料。而"预习"部分的内容和投影补充的资料是为了帮助学生形成概括性认识，初步把握作者的基本信息，激发学生的阅读兴趣。

（二）教学活动

活动一：借词概括，把握情节

师：老师纠正大家一个字的发音，"猝然"，并解释其是突然的意思。

昨天我布置了简单的预习任务，即自读课文，了解基本内容。现在请同学们快速浏览课文，并使用课后"读读写写"中的词语，凭借记忆，补充PPT上情节提示的空白处，使内容意思完整。

PPT显示：

自从我双腿（　　　）后，母亲不再（　　　）她喜欢的花草了。因外在环境，我脾气变得（　　　）时总会拼命（　　　）自己的双腿。当我心情平复，一切归于（　　　）时，母亲脸上尽是（　　　）神色。母亲多次（　　　）我去看（　　　）（　　　）（　　　）的菊花，当我受不了她的（　　　）答应她时，她（　　　），高兴得一会儿坐下，一会站起。但令我没想到的是那一次聊天居然是我与母亲的（　　　），更想不到的是照顾我的那段时间，母亲因病已整宿整宿（　　　）睡不着觉。

（学生使用"读读写写"中的词语，进行填空练习）

师：老师看大多数同学都已经写完了，现在我们一起来核对一遍。

（学生带答案读一遍，并订正字形，标记拼音。标记完后，学生齐读情节提示，再次回顾故事情节）

师：借这个环节，咱们可以小结两个点：第一是字音字形要过关，第二是我们阅读小说或写人记事散文时可用一些关键字词串联全文，概括故事。

设计意图："借词概括"的主要目的是帮助学生梳理故事情节，回顾故事内容。这一过程既能回顾课文情节，又能检验学生对词语的理解情况。学生在选词填空时，动笔书写，也是对本课词语字形的练习。

活动二：畅谈细节，回忆母亲

师：同学们，通过故事情节的概括，我们可以明确作者题目中"怀念"的对象就是他的母亲。那现在请同学们快速浏览课文，寻找一切细节，在课本上做旁批，说说作者怀念的母亲是一个怎样的人。

PPT显示：

提示：回答时请用"我从第几段'……'看出母亲是……的人"。

示例：我从第一段"母亲喜欢花，可自从我的腿瘫痪后，她侍弄的那些花都死了"看出母亲是一个热爱生活，但为了儿子甘愿放弃自己生活的伟大的人。

我从第一段"她又悄悄地进来，眼边儿红红的"看出母亲是一个十分在乎儿子感受的人，即使内心难受，也不会当着儿子的面哭。

（生思考3~5分钟，边看边做旁批，师巡视了解情况）

生1：我从第三段的第一句话看出母亲对儿子的心思细腻和对儿子的关心。

生2：我从第一段的第三句话看出母亲希望儿子能把内心的情绪发泄出来，不要压抑在心里，但又怕儿子做一些伤害自己的事。

生3：我从第六段的第一句中看出母亲临死之前都在担心自己的儿女。

师：老师插一句，是"临死之前"吗？

生3：不是，应该是昏迷之前。

师：我们一起概括一下，母亲对儿子都有哪些情感？

生（齐）：谨慎、细心、担心、关心等。

师：那作者是通过什么方式来表现母亲的这些情感的？回忆一下，我们刚刚赏读的那些句子都用了什么描写？

生（齐）：动作、神态、语言描写。

设计意图：此项活动的目的是勾画细节，分析母亲的形象。初一新生，课堂赏读技巧还未训练，动笔书写完整的赏读内容还有难度，故课堂主要是激发学生的阅读兴趣，让学生敢于主动发现关于母亲的形象的文字，并举手发言说出来。这既是人物形象的评价训练，也是学生口头表达能力的训练。

活动三：**深挖情感，反思自我**

师：刚刚同学们从多个细节处分析出一位伟大的母亲形象，这样的一位母亲确实值得人怀念，更何况是身为儿子的作者。但当时的作者并没有意识到母亲的付出，那多年后的作者回忆这些事时，除了怀念，还有其他什么情感呢？请说说你的依据。

PPT显示：

从第二段"后来妹妹告诉我，她常常肝疼得整宿整宿翻来覆去地睡不了觉"可以看出作者因不关心母亲而感到懊悔。

师：老师提示大家，关注一下课后习题第四题。

生1：我从第二段第一句中的"一直"看出作者对母亲的惭愧和懊悔。

师："我却一直都不知道"，那"我"一直在干什么？

生2：暴怒无常。

生3：我从第五段第三句中的"竟"看出了作者对母亲生病的惊讶。

生4：从"我没想到她已经病成那样"看出作者的后悔和对母亲的思念之情。

师：大家注意，这篇文章是作者在母亲离世之后写的，所以思念之情是贯穿全文的。

生5：从第六段的第一句可以看出儿子深深的愧疚与无奈，因为母亲艰难的一生是因为"我"，但"我"却无能为力。

师：我们运用了很多词汇，有惊讶、后悔、无奈、愧疚，那请大家关注一下第七段。

生6：从第七段的最后三句可以看出儿子对母亲的理解，理解了生命的意义。

师：好，我们小结一下儿子对母亲的情感：惊讶、后悔、无奈、愧疚、理解，那这些情感又是通过什么表现出来的？

生（齐）：心理描写、行为动作、态度。

师：那我们刚刚关注的课后习题第四题呢？

生（齐）：……

师：这是咱们还没有学到的，但可以补充一下，课后习题第四题中加点词都是副词，所以副词也可以帮助我们加深情感。

大家看看黑板上的板书，左右两边的人的情感付出是否可以画等号？

生（齐）：不可以。

PPT显示：

儿子对母亲的付出与母亲对儿子的付出是不对等的，这既是母亲的伟大之处，也是作者怀念的原因之一。

（生齐读）

师：既然这情感是不对等的，现在请同学们两两一组，自行选择段落，进行对话演读，感受一下这情感的不对等。

（随机抽查三组同学表演，请其他同学点评）

设计意图：这是一篇回忆性散文，作者多年之后回忆过往，思念母亲，遣词造句中表现的都是自己对母亲的情感。此活动的目的就是挖掘文中关于"我"情感表露的细节，让非主角的"我"形象清晰化，借此完善经年之后"我"的复杂情绪，侧面烘托出母亲的形象。

活动四：品评"好好儿活"，感恩重生

师：两人之间的情感是不对等的，甚至可以说母亲是用生命让作者意识到自己不该继续消沉度日，应该"好好儿活"。那你能找出哪些细节，证明作者有"好好儿活"？

生1：课下注释一中的成就可以看出作者有"好好儿活"。

生2：最后一段，作者去看花的行为也能证明作者有"好好儿活"。

生3：课文标题下"预习"部分的文字也能证明。

师：那这篇文章是作者在母亲去世之后写的，作者的目的就是为了怀念母亲，所以这篇文章也可以算是表现之一。

PPT显示：

自从1981年创作此篇文章后，作者坚持创作，写了很多短篇小说、长篇小说和散文随笔。2010年12月31日凌晨3点46分，史铁生因突发脑出血在北京宣武医院去世。根据遗愿，史铁生去世后不举行遗体告别仪式，器官捐献给医学研究，同年12月31日凌晨6时许，其肝脏移植给天津的一位病人。而这样的方式也不失为另一种"好好儿活"的方式。

师：这也是一种"好好儿活"的方式，可惜早已离世的母亲并不知晓。那我们大胆想象一下，离世后去往阴间的作者如果碰到母亲，他会说什么？请以作者的身份写一段文字，来表达当时的心情。

（学生动笔写在书上，老师巡视）

生4：以前我不能理解您对我无微不至的照顾，现在我明白了，人生必定要勇于面对生活、热爱生活。

师：第一是理解，第二是表明态度，可以。

生5：母亲，没有您在的日子，我有好好儿活，我取得了很多成就。

生6：母亲，您走后，我才意识到您的辛劳，我真的很后悔。

......

师：我们再回过头来看标题，"秋天"是——

生（齐）：背景。

师：怀念的是——

生（齐）：母亲。

师：那在秋天盛开的菊花象征——

生（齐）：生命的绽放、重生。

设计意图："好好儿活"是母亲的临终遗言，也是母亲对"我"的殷切期盼。作者对此话的理解也是我们需要理解的，那作者是如何实现"好好儿活"的，这就是学生需要分析的了。学生在分析的过程中，既能理解主旨，也能迁移到自身，明确现阶段的自己应该如何"好好儿活"。

（三）课堂小结

俗话说："树欲静而风不止，子欲养而亲不待。"史铁生先生就是对这句话最好的诠释，那现在身处繁重学习中的你，是否也出现了亲情的不对等呢？请回家后给你父母写一段告白信，并将它送至父母手中，用你觉得最合适的方式表达你对父母的情感。

设计意图： 生活是课堂的延伸，课堂所学能延伸到生活中，才能算得上学有所成、学以致用。散文学习的最大影响应该是情感的体悟，学生能否将课堂上学习的作者对母亲的愧疚、感恩迁移到自己对父母的态度上，这是本课情感价值目标的最终目标，也是设置这一课后作业的目的。

【教学反思】

支架写话，撬动阅读的兴趣

《秋天的怀念》是统编版教材七年级上册语文第二单元的第一篇课文。本单元是亲情主题，从不同角度抒写了亲人之间真挚动人的感情。学生刚上初一，对文本赏读是陌生的，对教学环境是充满好奇心的，对老师的授课方法是观望的；而老师对学生知识结构的认识还是模糊的，故课堂上教学活动的设计需兼顾两者的实际情况。

（一）选词填空，教授概括方法

七年级上学期六个单元的课文大多带有故事性，对于七年级学生来说，课文长度和理解难度相对提高，学生的概括能力也应提升。教学设计中"借词概括"的活动就是情节概括的一个抓手。课堂上，学生利用现成的语段选词填空。学生借此活动，既于语境中理解记忆了课文中的词语，也积累了一种概括课文的方法。

（二）开口说话，激起学生兴趣

我一直认为学生在课堂上敢开口、能开口、会开口就是思维能力的锻炼，故赏读人物形象的两个活动，我都用例句引路，搭建示例支架，帮助学生更高质量地完成赏析。至于课堂为何没用考试形式的答题格式，考虑到学生刚上七年级，培养兴趣最为关键。

（三）以人观己，感悟最美亲情

课堂上设置了一个环节，在理解作者的"好好儿活"之后以作者的口吻抒发对母亲的情感。很多学生理解得很到位，甚至写的文字令人动容。这一环节能成功展现的原因是有前面三个活动的铺垫。而当拓展思考"现在身处繁重学习中的你是否也出现了亲情的不对等"时，学生沉默了。这一刻的沉默，我相信学生肯定想到了自己的父母，有些学生内心也会感到愧疚。这一刻，我觉得这篇课文的学习是有意义的。

（深圳市龙华区创新实验学校　周良云）

《海燕》教学设计

【教学目标】

（1）了解写作背景，体会诗中不同形象，尤其是"海燕"的象征意义。

（2）重点把握朗读时的语调、重音，从读中加深对"海燕"形象的理解，体会散文诗的韵律美。

（3）角色转换，替海燕发声，从写中进一步理解"海燕"形象的意义。

【教学重难点】

重点：通过把握语调和重音，在读中加深对"海燕"革命英雄般形象的理解，体会散文诗的韵律美。

难点：进一步理解"海燕"的形象意义，领会作品的时代和思想价值。

【教学准备】

（1）通读课文、查工具书将课后生字词拼音标在文本中，并解释其意思。

（2）搜索资料，了解高尔基写作这篇文章时的俄国社会现状。

（3）跳读课文，找出文本中出现的形象，并根据理解对这些形象进行分类。

【教学过程】

（一）预习检测导入

1个重点字读音：窜。

1个词语解释：高傲。

（二）整体感知

大声朗读课文，圈画诗中出现的形象及其表现，并进行分类。

借助写作背景明确各类形象的象征意义。

（三）以读促品

选择你感受最深的段落，尝试着有感情地读给同学听。

全班品读1～6段"暴风雨来临前"，归纳朗读技巧。

男女生诵读7～11段"暴风雨逼近时"的画面。

演读并齐读12～16段"暴风雨即将来临时"的画面。

小结：（　　　　　）的海燕。

（四）以写促悟

除了海燕的形象，文中还有海鸥、海鸭、企鹅和狂风、乌云、雷电这两组形象。选择其中一组，想象一下：如果海燕要向他们表明自己的心志，它会说些什么？试以《海燕的宣言》为题，写一段话。

【教学实录】

活动一：预习检测导入

师：同学们，今天我们一起来学习苏联作家高尔基的《海燕》。上课前，我们一起来检测同学们的预习效果，请看屏幕，第一个词怎么读？第二个词怎么解释？

PPT显示：

飞窜　　　　高傲

生1："窜"读cuàn；"高傲"的意思是自以为了不起，看不起人，是个贬义词，在文章中的意思是英勇无畏、藐视敌人。

师：预习得非常到位。那我们这节课就从这只英勇无畏、藐视敌人的海燕谈起。

设计意图：检查学生的预习情况，为下面的学习扫清字词障碍，并利用"高傲"一词的贬词褒用，引出本节课的主角"海燕"。

活动二：**整体感知**

师：先请大家自由大声地朗读全文，读后用"〇"圈出文中出现的形象，用"_____"划出它们的表现，并根据其表现，对它们进行分类。

（生自由朗读，圈划批注）

师：准备时间到，请大家踊跃展示自己的批注。

生2：在诗文中出现了海燕、海鸭、海鸥、企鹅、风、云、雷、电和暴风雨。

师：你的筛选信息能力很强，还有要补充的吗？

生2：还有大海、波浪和太阳。

师：那么出现的这些形象都有哪些表现呢？你能从文中找词语来描述吗？

生2：海燕在高傲地飞翔、它叫喊着；海鸥呻吟着、飞窜；海鸭也在呻吟着；企鹅躲藏起来。

生2：还有苍茫的大海，波浪很愤怒。雷声轰响。乌云越来越暗，向海面压下来。

师：那么太阳有什么表现吗？还有暴风雨呢？

生3：太阳是期待中的，还没出现。而暴风雨，书中说是猛烈的，不过也是期待中还没出现的。

师：那么我们根据它们的表现可以怎么分类呢？说一说你的理由。

生3：海鸭、海鸥和企鹅可以归为一类，因为它们在暴风雨来临前都很害怕。

生3：狂风、乌云、闪电和雷声可以归为一类，因为它们全都是和海鸭一类对立的。

生3：我觉得它们都很咄咄逼人。

师：嗯，这是他们的共同点，都很咄咄逼人。很好！我们继续。

生4：还有大海和波浪是一类，它们实际上就是同一种物质。

生4：海燕、太阳和暴风雨就单独分出来了。它们都有各自的意义。我觉得海燕就象征着最勇敢的那个人，而太阳就象征着胜利。暴风雨的话，我觉得是革命。

师：大家都知道它们是有象征意义的，且课前也查找了资料，因而对高尔基这篇文章的写作背景有了一定的了解。那我们来看看本文的写作背景，明晰这些形象的象征意义。

PPT显示：

《海燕》写于1901年，当时欧洲发生了工业危机，蔓延到了俄国，再加上俄国沙皇反动统治者的残酷镇压，促使俄国广大人民群众的革命运动热情不断高涨，革命斗争动摇了沙皇统治的根基。这时，高尔基来到彼得堡，参加俄国作家协会为纪念农奴解放40周年而举行的会议，并参加了示威游行。他就根据这次斗争的经历，结合当时的革命形势，写了一篇带有象征意义的短篇小说《春天的旋律》。著名的《海燕》就是它的末尾一章。它的发表颇费周折，但它一经发表，便在俄国产生了巨大反响，广为传播，一时间成为最受欢迎、最富有宣传性和号召力的传单。

生5：海燕象征着革命者。

师：具体一点。

生5：工人阶级的革命者。

师：比如我们的作者高尔基。

生5：大海、波浪代表着人民群众。

生6：我觉得海鸥、海鸭、企鹅代表着沙皇统治下的人。

师：是什么样的人如此害怕暴风雨？

生6：触及他们自身利益的资产阶级。

生6：狂风、乌云、雷声、闪电代表着反动派。

师：在俄国，就是指沙皇政府。

生6：暴风雨代表着革命，太阳代表着胜利。

师：没错。高尔基就是利用各种各样的形象来传递自己的思想的。正因为如此，在沙俄政府对革命性文章要求严格审查禁止发表的情况下，这篇文章竟然被"漏审"了。用高尔基自己的话来说就是——

PPT显示：

在象征下面，可以巧妙地把讽刺和大胆的语言掩藏起来，在象征中可以注入很大的思想内容。

——高尔基

设计意图：整体把握课文内容，明确诗中出现的各类意象及其区别。并穿插背景介绍，在学生了解写作背景的基础上，体会另类形象的意义及象征手法使用的妙处。

活动三：以读促品

师：这是一首充满激情的赞歌，让我们尽情地讴歌海燕吧！先请两位同学读一读你感受最深的段落。

（生7很害羞，读第2段很小声；生8读4~6段赢得全班掌声）

师：咱们能站起来就需要勇气。

师：（问生8）你为什么要这么读？

生8：因为这里是写海鸭、海鸥、企鹅的恐惧，所以声音自然要低沉一点。

师：你给我们提供了一个借鉴，就是要根据内容来定语调。

师：我们先来尝试着读1~6自然段"暴风雨来临前"的画面，请大家看屏幕。注意括号内语调的平、高和低，以及画横线的词语要重读。

（生小声试探着读）

PPT显示：

在苍茫的大海上，狂风卷集着乌云。在乌云和大海之间，海燕像黑色的闪电，在高傲地飞翔。（平——高）

一会儿翅膀碰着波浪，一会儿箭一般地直冲向乌云，它叫喊着，——就在这鸟儿勇敢的叫喊声里，乌云听出了欢乐。（高）

在这叫喊声里——充满着对暴风雨的渴望！在这叫喊声里，乌云听出了愤怒的力量、热情的火焰和胜利的信心。（高）

海鸥在暴风雨来临之前呻吟着，——呻吟着，它们在大海上飞窜，想把

自己对暴风雨的恐惧，掩藏到大海深处。（低）

海鸭也在呻吟着，——它们这些海鸭啊，享受不了生活的战斗的欢乐：轰隆隆的雷声就把它们吓坏了。（低）

蠢笨的企鹅，胆怯地把肥胖的身体躲藏到悬崖底下……只有那高傲的海燕，勇敢地，自由自在地，在泛起白沫的大海上飞翔！（低——高）

师：读书很整齐，但是在处理语调转变的句子时，稍显迟疑。我们再来试一次。

（生读）

师：（评价）比上一次好很多，但还是有点放不开。

师：这一遍，海燕的心声就体现在你们洪亮的声音里了。那由此得知我们朗读时要注意些什么？

生9：朗读时，语调要根据情节发展来确定。

师：那为什么读海燕时要高昂，读海鸭时要低沉一些呢？

生9：因为要对比突出海燕的勇敢。

师：没错。朗诵时语调的高低要根据内容的需要来进行调整。用低调来读乌云、海鸭等，用高调来读海燕，以衬托海燕的勇敢、欢乐。朗诵时的重音放在那些有象征意义的词，有鲜明形象感的比喻性词，还有可以突出海燕英勇无畏的对比性词。最后情感特别强烈的词句也要重读。

师：那我们现在根据刚刚所学的技巧，来试着读一读7～11自然段"暴风雨逼近时"的场景。

（男女生分角色朗读，女生声音小）

师：声音小和声音低沉不是一个意思哦！

（师示范读）

师：最后一句"乌云遮不住太阳，——是的，遮不住的！"我想请一位同学来演读。

（生10读后半句音调很低，生11将后半句的调子定得比较高）

师：其他同学觉得哪位同学的朗读处理更恰当？

生12：第2位同学，因为后面这一句是重复。

师：重复的语调就要高吗？这似乎不能说服我们大家啊！其根本原因是什么？

生12：因为这里情感很强烈。

师：这里表达了怎样的一种情感呢？

生12：相信乌云遮不住太阳的一种信心，所以语调要高昂。

师：那我们男女同学再来试一次这一句。

（男女生再次分角色朗读）

师：最后几段，咱们一起来听一听名家录音是怎么读的吧！

（播放录音，生若有所悟）

师：咱们全班再来齐读最后一句。

（生读）

师：我想只需通过激情高亢的朗读，我们的脑海中已然出现了一只这样的海燕，请你用一个词语填写在底下括号内。

（　　　　　　）的海燕

生13：英勇无畏、乐观昂扬、奋发向上。

设计意图：此朗读环节分为3个层次逐步推进，首先在朗读中及时了解学生的朗读水平，把握学情，为接下来的朗读指导提供方向。其次通过语调和重音的朗读指导让学生懂得从朗读中获得对文本更深的体会。最后通过男女生分角色朗读和听录音让学生再次真切地体会朗读的技巧，并进一步加深对海燕形象的理解。此朗读训练有具体的朗读技巧指导，扎实有效。

活动四：以写促悟

师：海燕它叫喊着，它在对谁叫喊，它又在叫喊什么。请你发挥想象，选择文中另外的某个形象进行角色转换，想一想海燕会对它说些什么。以《海燕的宣言》为题写一段话。

示例：这位胜利的预言家在叫喊着：狂风，你再大声地吼叫，你再恶狠狠地摔打，我们也不怕你，我们是打不倒的。你等着吧！只等那猛烈的暴风雨一来，你们的好日子就到头啦！暴风雨啊！暴风雨！你来得更猛烈些吧！

作品1：乌云啊！你任意地往下压吧！正义的身躯是顶得住万物的。一个倒下了，会有千百个再站起来。暴风雨后你终会被驱散，而光明是永存的。

作品2：我将在这暴风雨中所向披靡，无论是乌云的镇压还是雷鸣的咆哮，都无法阻挡我冲向云霄，去追寻太阳。乌云、闪电，你们瞅瞅吧！大海的涌潮上下起伏，我与大海将团结一心，我们将会笑着说出："属于我们的时代就要来啦！"

作品3：懦弱的海鸥，你就尽情地自欺欺人吧。等到我这个敢于斗争的勇者、胜利的使者突破万重艰辛，我将高傲地看着你，让你懊悔曾经的飞窜。我要让你知道，没有你对我来说没有任何影响。

设计意图：以写促悟，让学生在读之后再用写的方式加深对这篇文章的时代和思想价值的领悟。

【教学反思】

依标据本，落实读写训练

《义务教育语文课程标准（2022年版）》在每个学段都要求学生能用普通话正确、流利、有感情地朗读课文。统编版七年级上册第一、二单元的单元导语强调"重视朗读"。《海燕》所在的九年级下册第一单元的单元导语中也提到"学习本单元，要在反复朗读、感受诗歌韵律的基础上进一步把握诗歌的意象，体会诗人的情感"。关于写作，新课标强调"鼓励自由表达和有创意的表达，鼓励写想象中的事物。"《海燕》课后习题"积累拓展"部分也有"写"的训练。但在实际教学过程中，囿于教师朗读能力参差不齐、朗读不如知识讲授便于把控和评价等原因，关于朗读的训练一直只是一句口号，学生朗读能力依旧是表面的滑行，而在写作方面，教学多以单元作文为主，而忽略了片段微写的训练。那么如何让学生在朗读、写作中领悟诗歌的意象和情感，如何在朗读、写作中落实朗读能力、写作能力的训练，以下是本节课带来的一些反思。

（一）给予充分的时间展开集体训练

所谓集体训练，"就是一位教师着眼于全班同学所进行的训练，就是让他教的这个班的所有学生在同一时间内都能参加活动的训练。"现在的一些课堂，不是教师的"一言堂"，就是教师与少数几个优秀学生的阅读交流，都不利于学生集体语文素养的培养。本节课我围绕"读、写"的活动设计了以下三个环节：整体感知、以读促品，以写促悟，包括自由朗读课文，全班精读选段，以及片段写作等"学"的活动。在整体感知活动中，我给了8分钟时间让学生充分地朗读诗歌。在这8分钟的时间里，所有学生都在认真大声地朗读，初步感受诗歌的意象与韵律，这就是集体训练。在进行教学设计时，教师一定要保证学生有充分的时间进行"学"的活动。

（二）利用多样的朗读形式调动积极性

能用普通话正确、流利、有感情地朗读课文，是朗读评价的总要求。但是在语文课堂上能够真正落实朗读训练的却很少。事实上朗读不仅仅适用于诗歌、古文等需要增加积累、发展语感的文体，对于散文、戏剧，甚至小说人物、主旨等的理解与领悟，朗读往往也能起到四两拨千斤的效果。著名特级教师肖培东老师就擅长通过各式各样的朗读指导来加深学生对文本人物的感悟。本节课我根据内容需要展开了不同形式的朗读指导，通过全班齐读、个人品读、男女生演读等方式调动学生朗读的积极性，除不令其感觉到重复无聊之外，学生在反复朗读中感受到了诗歌的韵律和意象。教师在教学文本时要学会利用朗读来达成教学目标。

（三）设计"写"的活动强化练笔指导

"要重视写作教学与阅读教学、口语交际教学之间的联系，善于将读与写、说与写有机结合，相互促进。"在平时写作教学过程时，教师容易犯"只见森林不见树木"以及"唯结果论"的错误，只注意单元大作文教学以及写作后结果的呈现，而忽视了随文微写作以及写作过程的指导。本节课在学生诗歌教学的基础上，以"海燕的宣言"的写作活动来升华课堂，一方面加深了学生对文中形象的理解，另一方面强化了练笔的频率，让学生展示作品，师生共同帮助修改，也是对写作实践的及时反馈。语文教学承担着发展学生"听说读写"能力的重任，只有在"听说读写"的实践中，学生才能利用这些能力。

于漪老师说，"我一辈子做教师，一辈子学做教师"，可见没有完美的课堂，只有在每一堂课的反思中不断臻于完美的课堂。本节课由于预习不够充分，在整体感知部分花费较多时间，使得后续活动的展开不够充分。把握学情并把控课堂的教学进度也是教师要修炼的基本功。

[深圳外国语学校（集团）宝安学校　邓杨]

《西江月·夜行黄沙道中》教学设计

【教学目标】

（1）品读美文，文词对照，归纳词变美文的方法。
（2）通过改写，深化对辛弃疾词的理解。

【教学重难点】

重点：归纳词变美文的方法，运用归纳的方法进行改写训练。

难点：通过改写训练深化对辛弃疾《西江月·夜行黄沙道中》的理解，把握辛弃疾的心境。

【教学过程】

活动一：品读文章，积累美句

（1）阅读文章，批注美句。

（2）背诵美句，默写积累。

①画出自己最喜欢的一句话，尝试背诵下来。

②将这句话默写在自己的读书笔记本上，积累起来。

（3）根据美文猜测词名。

活动二：文词对照，深度阅读

（1）对照词作与美文，找出词与美文的异同。

（2）通过比较，小结词改写成美文的方法。

活动三：尝试改写，写中探情

（1）模仿散文中自己最喜欢的那句话，依据对辛弃疾词中原句的理解，用两种方法进行改写。

（2）小结词变美文的最基本前提：尊重原作。在正确理解原作的基础上才能将自己的赏析、理解用美丽的文字写下来。

（3）找到曾冬这篇散文中改得不好的句子，并说明理由，加强对词内容、情感的深入理解，进而把握辛弃疾的心境。

（4）学生小结辛弃疾在这首词里表达的情感和豁达的心态。

板书设计：

西江月·夜行黄沙道中

辛弃疾

词	文
善用铺垫	善于想象
以声衬静	修辞恰当
动静结合	细节丰富
情景交融	精炼词语
	巧用疑问

乐观豁达
信心不灭

【课堂阅读材料】

一条东拐西歪的石板路，在山谷里穿行。

月亮举着灯笼偷偷地爬上了树枝，窥视着鸟窝里一对相拥而眠的鹊儿，它是不是也想打探小鸟的秘密？睡梦中的鹊鸟被一束晃眼的光芒刺醒，惊叫了一声，就牵着翅膀慌慌张张地逃进了夜色。它们还会回到这个简陋的家吗？

半夜，栖宿在叶子上的清风，终于耐不住寂寞，纷纷轻扣着村庄的门扉。一只无法入眠的蝉扯开喉咙吆喝起来，安静的乡村，顿时被嘶哑的声音撕成了碎片，散落四周。

小径两旁，稻花把沁人心脾的芳香，撒播在农人的呼吸里。屋前屋后，有一些温馨的梦呓响起，幸福而满足。一片蛙声从稻田里袭来，这些夏夜的歌者，也在谈论着丰收的年景吗？

天边，七八个星星像被风吹亮的火种，在天空的背景上闪烁。它会点燃明天的太阳么？这时，三三两两的雨点稀疏地洒在山前，这莫非就是黑夜说给大地的情语？断断续续，欲言又止。

过了溪上的小桥，拐个弯，忽然看见土地庙旁的树林边，有一座似曾相识的小客栈，孤单地卧在那里。门前的风灯，依然亮着一盏温暖。

一些这样或那样的往事，又涌上了诗人的心头。

——选自曾冬著《宋词素描》

【教学实录】

（一）导入

师：有人说，一个词，就是一个世界。没错，汉字中的词语尚能有如此深刻的内涵，更不用说一句话、一篇文章，所以，学习语文从来都是一场美的旅行，对一个新世界的探索。今天，老师也带来了一篇美文要送给大家，请大家打开自己的学案，用自己喜欢的方式朗读这篇美文。

（生开始朗读文章）

师：同学们，读完了吗？读到文中的美了吗？

生：（七嘴八舌）读到了，用了很多修辞手法……

师：同学们现在拿到一篇文章，就能想起从手法的角度去赏析，很好。有了读文章的角度了，那接下来咱们就做一件你们想做的事。

设计意图：让学生轻松地走进文章，并奠定了一个基调：赏析文章的美，通过品读的方式探索文章潜藏的新世界。

（二）教学活动

活动一：品读文章，积累美句

师：请同学们找到文中自己最喜欢的1~2个句子做批注，角度可以是词语，也可以是你们刚刚说到的作者所用的修辞手法等，但一定要说说作者这么写带来了什么样的表达效果。同学们，给你们三分钟时间，开始吧。

（生默读文章，并圈画批注。师巡视查看同学们划的词句和做的批注）

师：请两位同学展示自己的批注，要求先将自己最喜欢的句子美美地读一遍，然后再说说自己对这个句子的批注。

生1：我喜欢"月亮举着灯笼偷偷地爬上了树枝，……它们还会回到这个简陋的家吗？"这句话，这句运用了"偷偷地、窥视、打探"这样的词，将月亮拟人化，使文章更形象生动。

师：生1读得还算流畅，但是老师觉得感情有点不够。你刚刚说作者将月亮拟人化了，让文章更形象生动，请问是什么样的形象生动法？他这样写突出了月亮的什么特点？

生1：比较俏皮、活泼。

师：同学们同意吗？（生点头）那请你再读一遍，读出月亮的活泼、俏皮。

（生1再次朗读）

师：老师也喜欢这句话，对这句话做了批注，同学们请看屏幕。

PPT出示：

文段一是美在拟人的手法，以"举着、爬、窥视、打探"这样的动词，把月亮拟人化，使其洒在树枝、鸟儿身上的形态跃然纸上。

二是美在用词，"偷偷地""相拥而眠"，将月亮的神态和鹊儿的入眠之状写得活灵活现，月亮的俏皮、鹊儿的温馨，让人不觉想静待月亮打探出来的秘密。

师：同学们读一读，感知一下老师的这个批注如何？

（生回答好）

师：都品到位了吗？有没有缺憾？仔细读一读，大胆地说出自己的看法。（生不说话）同学们，老师提示一下，赏析一句话，我们要全面地去把握它的词、句、手法、语言组织形式和情感等，老师的这个批注和刚刚罗琪的批注都存在缺憾，这个缺憾是什么？

生2：赏析得不够全面，这里的句式也很特别，"它们还会回到这个简陋的家吗"用了疑问的句式，引起读者的思考，而且把"鹊儿的窝"写成是家，隐约传达了一种温馨的语调，读起来更有人情味。

师：说得真好，切入了文本，补充了老师的遗漏之处，加上你刚才的内容，这个批注才更加完整有深度。同学们，学习这样批注，你的阅读积累会更深厚。再请一位同学来分享自己的朗读和批注。

生3：我最喜欢"小径两旁，稻花把沁人心脾的芳香，撒播在农人的呼吸里。"这一句，这里用了一个精妙的四字词语"沁人心脾"，说出了稻花的香味让人舒适，尤其让农民感到舒适高兴，同时用了"撒播"这个动词，稻香应该是随着风飘过，人不经意间闻到的，但是作者却说是稻花自己把香味撒播在农民的呼吸里，增加了灵动的感觉，他这样写就把丰收的喜悦写出来了。

师：说得真全面，稻花自己把香味撒播到农人的呼吸里，变被动为主动，让丰收的喜悦溢满农人的心。这个批注真到位，感谢你。

师：同学们，刚刚大家通过批注自己喜欢的句子理解得更深了，接下来请大家用3分钟时间把这个句子背下来，并默写在自己的读书笔记本上。

（生从热情背诵到慢慢安静下来默写）

师：有同学想给大家展示一下自己刚刚的背诵积累吗？我给三个机会。

（三名学生分别背诵）

师：大家真厉害，短时间内既积累了美句，又收获了战斗士气，一个比一个背得流利。

同学们现在通过批注和背诵对这个文段的内容更熟悉了。你们有没有似曾相识的感觉？（生点头）这篇文章实际上是一位作家根据古人的一首词改

211

写的。你们猜一猜是哪首词？作者是谁？

生4：我只记得"稻花香里说丰年，听取蛙声一片"，但是作者名字不记得了。

生5：是辛弃疾的词《西江月·夜行黄沙道中》。

师：同学们猜对了，能一起把它背一遍吗？背得出来吗？

（生稀稀拉拉开始背诵）

师：看来同学们回忆起来了，请同学们试着一起背诵一遍。

（生一起背诵该词）

设计意图：激发学生学习的兴趣与热情，通过批注让学生静下心去读这篇宋词素描，进而走进、理解这篇文章。再通过背诵默写的竞赛活动让学生的思维、注意力聚焦，为下面的文词对照环节做准备。

活动二：文词对照，深度阅读

师：文章和词，同学们现在都比较熟悉了。能否请大家仔细读一读，找找二者的异同，填写在学案上。给大家4分钟时间。

（生开始读，部分学生开始写，有少数学生动不了笔）

师：同学们可以从体裁、作者的表达手法和情感等诸多方面去寻找相同点和不同点。（四、五分钟后）请几位同学来给我们说说词和文的异同是什么。

生6：词和文相同点：写的东西差不多，都有月亮、鹊、清风、蝉等；不同的是体裁：一个是词，一个是散文。

师：没错，生6说相同的是二者写的意象基本一致，不同的是体裁，其他同学有补充吗？

生7：作者运用了很多手法……

师：你要说的是相同点还是不同点，说的是哪一篇？注意说规范，让大家听明白。

生7：我说的是不同点，这篇散文运用了很多修辞手法，如比喻、拟人等，让这篇文章描写的意象显得更具体形象。

师：嗯，说得很好，这篇散文运用了很多修辞手法，那这首词有没有用

到什么手法？（板书：巧用修辞）

生7：我没找到。

师：再读一读，看看词有没有运用什么手法？结合作者在词中表达的内容去看。

生7：作者写了在一个夏夜，清风、明月之下，一群鹊鸟被明月惊散，稻香飘满整个村庄，农民们在诉说着丰收的喜悦。他在田间散步，忽然遇到了下雨，正不知往哪里躲时，忽然看到有一座茅店出现在拐角处，似曾相识。

师：内容概括得很好，那作者借描写这样的景物、记叙这样的事情想表达什么情感？

生7：我觉得应该是和农民们一样，表达对丰收的喜悦。

师：那作者用的是什么手法？

生7：动静结合，写了静止的景物，也写了青蛙、蝉等动的事物。还有借景抒情、情景交融。

师：太棒了，这就是该词用到的手法：动静结合、情景交融，当然前面对于景物的描绘也有运用铺陈、以声衬静的手法，但情景交融是最关键的。（板书：情景交融、善用铺陈、动静结合、以声衬静）同学们还有补充吗？

生8：作者有很多词也用得很好，如"相拥而眠"，把两只鹊鸟写得特别温馨，很有家的感觉。另外，还有像"撒播""轻扣"这样的词，都用得很好。

师：词选得很好，说得很准确。（板书：精妙用词）你说两只鹊儿从哪里得出的？看看词，是写了两只吗？

生8：没有。

师：那这属于什么？

生8：想象。

师：对，其实这篇散文就是作者根据辛弃疾的词读后有感而作，他写出的这篇散文掺入了自己的很多想象。（板书：合理想象）你刚刚说的"撒播、轻扣"属于什么词？是什么描写？

生8：动词，动作描写。

师：是的，作者还用了动作这样的细节描写，所以我们读这篇散文的时候，觉得写得很具体，对吗？（板书：细节描写）其他同学还找到了哪些不同吗？

生9：有，辛弃疾的词都是记叙句，而散文有问句。

师：纠正一下，不是记叙句，应该是陈述句。你找的角度很好，那问句有什么好处吗？为啥作者用了很多个问句？（板书：活用句式）

生9：可以引起读者的思考和阅读兴趣。

师：好，会引起咱们的思考。还有补充吗？（生不说话）好，这是同学们读了辛弃疾的词和这篇散文后归纳出的相同点和不同点。其实我们要将一首词或诗歌改写成散文，也可以用到这些方式，对吗？同学们，请将这些我们归纳出来的方法记录在学案上。

设计意图： 通过对比词和散文的异同，让学生深入走进词与散文，从而引导学生提炼出词变散文的方法。其实，这篇宋词素描也是曾冬根据自己对词的理解写成的，实际上这篇素描就是对这首词赏析的一种诗意表达。这一活动过程既可以让学生掌握鉴赏词的要领：意象、主要内容、手法、意境和词人的情感，又能让学生学会改写的方法。

活动三：尝试改写，写中探情

师：同学们刚刚对比了词和散文，归纳出了二者的异同，在比较的过程中了解了把词改写成散文的方法。那接下来，我们也来改一改，小试身手。要求是：用两种刚刚小结的方法改写辛弃疾词作中的一句，可以模仿这篇散文，给大家四分钟时间。

（生写作，师巡视，看大家写的情况，并指导动不了笔的学生）

师：请几位同学给我们展示一下自己的创作。

生10：月亮打着灯笼悄悄地爬上了枝头，凝望着鸟窝里一对甜甜入梦的鹊儿，它是不是也想聆听鸟儿的梦语？

师：生10改得很巧妙啊，换了一些词语，保留了拟人的修辞手法，把第一句改了一下，也很美是不是？还有其他同学想读读自己的改写吗？

生11：盈盈月光，俯身将山脉拥入怀中。那一星两点的光晕洒向山间的鹊巢。瞧，一对嬉笑打闹的鹊儿惹人怜爱！是月亮的抚摸，还是诗人的匆匆脚步惊扰了它们？倏忽，鹊儿就已迷失在夜的天际。

师：改的也是第一句。请一位同学来评价一下他的改写。

生12：我觉得写得很好，用了拟声词，而且也有拟人的修辞手法。

师：确实符合老师的要求：用了两种方法来改。那有没有不足？

（生摇头）

师：同学们一起来读一遍，结合辛弃疾的那一句"明月别枝惊鹊"去思考，因为这位同学是根据这一句词改写的。

（投影学生作品）

（生朗读学生的改写，思考）

生13：我觉得他改的没写出"别枝"，鹊鸟是在枝头上被惊散的。

师：哦，生13读得很仔细啊，她说这个同学没写到"别枝"，那同学们，这个要不要写？

生14：要，因为作者都用词写出来了，肯定要写。他写的是山间，我觉得不够贴近作者的描写，应该是作者写什么，我们就要写什么。

师：生14说得太精彩了，没错，我们在改写的时候要尊重作者的原作，作者写了什么，想表达什么，我们的改写也要如此。那按照生14的说法，这位同学还有哪里写得不够好，需要修改？

生15："嬉笑打闹的鹊儿、诗人的匆匆脚步"。因为是晚上，大家都在睡觉，包括小鸟，应该不会嬉笑打闹，还有诗人夜间散步是为了感受农民丰收的喜悦，所以应该也不会脚步匆匆，不是在赶路。

师：生15补充了生14的发现，太棒了，确实如此，这些地方需要改一改。那同学们，刚刚我们两位同学展示了自己的改写，而且我们发现改写的时候要尊重作者的原作，因为改写就是在展示我们对作者这首词的理解，将我们对词的理解、我们的阅读感受诗意地表达出来，成为一篇散文。

那同学们再自己读一读曾冬改写的这篇《西江月·夜行黄沙道中》，看看他有没有改得不贴合辛弃疾词的意思或情感的地方？把改得不好的句子画出来。

（生自读散文，画语句）

师：请同学们都来说一说你们觉得改得不好的地方。

生16："一只无法入眠的蝉扯开喉咙吱喝起来，安静的乡村，顿时被嘶哑的声音撕成了碎片，散落四周。"这句写得不好，因为"扯开喉咙吱喝、嘶哑、碎片、散落"等词语，写得不美，把这种乡村夜景的美打破了，没有词好。辛弃疾写的"清风半夜鸣蝉"，我觉得很有意境，很能引起人的想象，而且有触觉、听觉的感受，很丰富。

师：打破了静谧的意境，而且原作是用多种感官去感受乡村夜之美。生16说得真好。

生17：我觉得"睡梦中的鹊鸟被一束晃眼的光芒刺醒，惊叫了一声，就牵着翅膀慌慌张张地逃进了夜色"这一句也不好，因为"晃眼、刺醒、慌慌张张"表现出月光变得刺眼，感觉很恐怖，鹊鸟被吓坏了，没有美感。

师：呵呵，你也是从文中意境的美感入手去看这篇文章的，读词确实要进入它的意境。作者写"明月别枝惊鹊"应该是一种俏皮、温馨、可爱的画面，而不是惊悚的画面。还有不符合辛弃疾词的地方吗？

生18："天边，七八个星星像被风吹亮的火种，……这莫非就是黑夜说给大地的情语？"这段文字作者把星星比喻成被吹亮的火种，我觉得也不够好。"七八个星天外，两三点雨山前"，我觉得作者是想写出境界的阔大，"两三点雨"也只是为了烘托作者的心情还是愉快的，没怎么受到天气的影响。

师：生18读得很细致，她说这个比喻没用好，写的是一种阔大的天空，"两三点雨"也改写得不好。为了更准确地理解这首词，我给大家说说作者写词的背景。作者写这首词是在被贬闲居江西上饶的时候，我们都知道辛弃疾是个喜欢征战沙场、志于报国的人，但是一直不被重用，此时又在江西担任闲职，英雄无用武之地。所以他这个"两三点雨山前"，除了是自然环境的描写，还有什么隐含的意义吗？

生19：是不是也指他人生中遇到的这些贬官的坎坷经历。在作者看来，不算什么，他虽然被贬，在江西没有实权，但是他还是像这些农民一样，看到稻子丰收心情就很愉悦，可能作者也相信，他自己也有丰收的那一天，能够继续为国效力。

师：辛弃疾也感受到了农民丰收的喜悦，看到农民有丰收而自己至今却功业未成，有些许失落，但是却没有囿于这种心境中，面对下雨（遇到的坎坷）仍然有一个乐观豁达的心态，相信这些都会过去。"旧时茅店社林边，路转溪桥忽见"，看起来像是写作者遇到下雨找到了茅店躲雨，实际上，也是在写作者遇到了困难，某个时刻就能找到解决困难的办法，作者对未来仍然充满信心。同学们，通过我们的共同努力，在对词与文章的反复品读中明白了辛弃疾的心态。

设计意图：先让学生模仿散文改写词中的一句，让学生发现改写原件或写鉴赏文的最重要前提是尊重原作。再让学生回到这篇词和散文中，找出曾冬改得不好之处，在这个辨析好坏的过程中，学生必须认真去读、去理解这首词的每一句，才能真正找到曾冬改得不好的地方。在不断地进出辛弃疾词中，学生对辛弃疾写词的心境有了更深、更准确的把握：一方面，作者以一幅乡村夜景图表达了农民丰收的喜悦，在感受这份喜悦的同时，作者有些许至今功业未成的失落；另一方面，作者没有完全拘泥于失落的情绪中，遇到"两三点雨"的坎坷时，却仍相信"路转溪桥忽见"，拐角之处希望还在，未来，也许终有一天，他能继续征战沙场、报效祖国。

（三）布置作业

以下作业任选其一：

（1）请根据对辛弃疾《西江月·夜行黄沙道中》的理解改写曾冬改得不好的句子，使这篇词的素描写得更贴合辛弃疾的情感表达和心境展现。

（2）结合课上所学、读中所感，以及你对辛弃疾本首词的理解，用改写的方法将本首词写成一篇散文。

设计意图：二选一的设置出于分层作业的考虑，让学生有更多、更适合自己的选择。让学生去修改曾冬写得不好的地方，可以让学生在练笔的过程中升华对这首词的理解，并将自己的理解有条理地诉诸语言，写成句段或文章。学生将自己对词的感受写下来，对辛弃疾的报国胸襟和豁达乐观心态的理解会更深，为后面学习他的壮词打下基础。

【教学反思】

读中品韵味，改中探真义

诗词改编成散文，其意境、韵味、情思表达自然是不同。本节课旨在通过文词对照，体会二者的异同，归纳将古人的词改写成散文的方法，同时在品味改写优劣的过程中拨云见日，发现作者潜藏在词中的真义，又反向指导学生完善改写，写出贴近辛弃疾本意的散文。本节课用阅读总结方法，用方法改写宋词。就整体而言课堂容量较大，教学节奏紧凑，目标简明突出。在具体操作时，我注意了以下方面：

一是做好充分的铺垫，循序推进课堂。课堂伊始，教师让学生去读曾冬的散文并选美句做批注，通过分享批注内容引导学生全面关注、赏析语句，理解语句在全文中的深刻意蕴和表达之妙，目的在于让学生尽快进入深度阅读状态，并通过积累的方式让学生熟悉这篇散文。所以，让学生猜测这篇散文来自哪首词，自然就水到渠成了。也为后文文词对照，品味手法、情感、内容等的不同为学习改写做了极好的铺垫。

二要善于让学生在矛盾中发现文本价值所在。学生通过掌握词改写成散文的方法，尝试用这些方法去改写宋词，其他学生在对同学的改写进行评价的过程，能在对比中发现两种文本之间的矛盾之处，于是改写的原则——"尊重原作"呼之欲出。在微写作的活动中，学生既训练了自己的书面表达能力，又加深了对宋词的理解，一举两得。

三是以语文实践活动贯穿始终，突出体现学生的主体性。本节课的活动包括：朗读、批注、对照归纳、分享展示、改写等，涵盖了听说读写各个方面，让学生体验了不同类型的语文实践活动。每一个活动都体现对学生语文运用能力的训练，而在这一过程中，老师将舞台悉数让给学生，让学生充分体会自我探索、自我纠错、自我创造的过程，从而让学生的新知建构变得主动而深刻。

当然，因功底尚浅，教师引导的生长性、对学生评价的指导性有待提高。当学生的回答与授课内容大相径庭时，老师要善于将其从偏离轨道的回答引导到这堂课的主线上来，以不断高效推进课堂活动向前发展，提高"随文写作"教学的效果。路漫漫，写不断。我将继续深研"随文写作"理念，强化教学实践，真正做到读写融通，全面提升学生的语文核心素养。

（深圳市龙华区教科院附属实验学校　胡红）

《周亚夫军细柳》教学设计

【教学目标】

（1）从不同角度概说故事，感知文章的主要内容。
（2）变形文段，补写对话，感受文中的人物形象。
（3）品析文中表达之奇，续写结尾，把握作者高超的写人艺术。

【教学重难点】

重点：变形文段，补写对话，感受文中的人物形象。

难点：品析文中表达之奇，续写结尾，把握作者高超的写人艺术。

【教学过程】

（一）导入：预习检测

1.初级挑战

易译错的句子。

2.中阶挑战

积累字词卡片：军、之、使。

3.高阶挑战

请用成语来印证以下加点词语的字义。

以备胡：防备。

闻将军令：听。

按辔：控制。

徐行：慢，缓。

（二）教学铺垫

知识卡片1：

《史记》是我国的第一部纪传体通史，记述了从黄帝到汉武帝共三千余年的史事，对后世的传记文学有深远的影响，被认为是中国史书的典范。

知识卡片2：

作者司马迁，字子长，西汉史学家、文学家、思想家，被后人尊称为"史圣"。

究天人之际，通古今之变，成一家之言。

——司马迁《报任安书》

其文直，其事核，不虚美，不隐恶，故谓之实录。

——班固（东汉）

知识卡片3：

本文节选自《史记·绛侯周勃世家》。"世家"主要记诸侯之事。

周亚夫：西汉著名的军事家，开国功臣周勃之子。

知识卡片4：

典故

细柳营：指纪律严明的军营或军队。

棘门霸上：指纪律松散的军营或军队。

知识卡片5：

古代礼仪

拜：双手撑地，屈膝叩首。

揖：拱手行礼，保持站立。

式车：扶着车前横木俯下身子，表示敬意。

（三）课堂活动

活动一：巧说奇事

请用一句话概说故事的主要内容。

要求：从以下的角度任选其一进行概说，注意叙事人称。

从汉文帝的角度：_____

从周亚夫的角度：_____

从司马迁的角度：_____

学生默读课文，同桌交流。

师生对话。

预设：

从汉文帝的角度：我去慰劳军队，霸上、棘门军如同儿戏，细柳营戒备森严，周亚夫是真将军。

从周亚夫的角度：皇上来慰劳我们，大战在即，提出要求，不能扰乱军纪，最后他向我致敬。

从司马迁的角度：汉文帝去慰劳周亚夫的细柳军，几次被为难，最后还夸赞周亚夫。

活动二：赏读奇人

1.读出层次

老师变形文段，学生讨论是否合适。

学生思考，师生对话。

预设：

合适。按照时间变化、地点转换，推动故事情节的发展。

学生分大组读出层次。

2.读出语气

学生动笔补写，组内交流。

师生对话。

预设：

先驱（伸长脖子，眼皮微动，大声地）曰："天子且至！"

军门都尉（纹丝不动，严肃认真地）曰："将军令曰'军中闻将军令，不闻天子之诏'。"

于是上乃使使持节诏将军（摆了摆手，温和地说）："吾欲入劳军。"亚夫乃传言开壁门。

壁门士吏（立刻拦住车马，纹丝不动）谓从属车骑曰："将军约，军中不得驱驰。"于是天子乃按辔徐行。

至营，将军亚夫持兵揖（紧握兵器，作揖行礼）曰："介胄之士不拜，请以军礼见。"天子为动，改容式车。

（天子）使人称谢（高兴地招来使臣）："皇帝敬劳将军。"成礼而去。

学生齐读对话，读出人物不同的语气。

活动三：品析奇文

1.话题：《周亚夫军细柳》的表达之奇

教师示范。

学生批注赏析，师生对话。

预设：

开头结尾之奇，情势张弛之奇。人物刻画之奇，手法运用之奇。层次清晰之奇，一波三折之奇。唱叹抒情之奇，长短句式之奇。

2.续奇文

太史公司马迁喜欢在文章的结尾处评论，学生参考助读资料，结合文本，尝试给这个奇文续写结尾。

助读资料：

太史公曰：知死必勇，非死者难也，处死者难。方蔺相如引璧睨柱，及叱秦王左右，势不过诛，然士或怯懦而不敢发。相如一奋其气，威信敌国，退而让颇，名重泰山，其处智勇，可谓兼之矣！

——《史记·廉颇蔺相如列传》

"太史公曰"是司马迁用以议论史事、表达思想的方式。作为《史记》的重要组成部分，"太史公曰"虽依附于正文而存在，却多为点睛之笔，也为后代史家树立了典范。

教师"下水"示范。

学生动笔写作，小组内分享。

师生对话。

（四）结语

略。

（五）推荐阅读

《史记选》王伯祥选注。

《司马迁之人格与风格》李长之著。

【教学实录】

（一）导入：预习检测

师：我们今天来学习一篇文言文，他写的是古代一位将军的故事——《周亚夫军细柳》。我先来检验下同学们的预习成果，一起来挑战吧。我们先来看初阶挑战——译易错的句子，谁来试试。

生1：到了霸上和棘门的军营，直接驰入，将军及其属下都下马迎送。

师：翻译得很精准，继续。

生2：穿戴着盔甲之将不拜，请……用军礼拜见。

师：注意"请"翻译成"请允许我"，最后一句。

生3：先前霸上、棘门的驻军，好像儿戏罢了，他们的将军一定是可以被偷袭俘虏的。至于周亚夫，不会被俘获侵犯的。

师："可得而犯邪"怎么翻译会更合适呢？

生4：哪里是能够侵犯的呢？

师：没错，这里是反问句，你预习得很细致。现在我们挑战升级，来翻译下这几组词，第一组"军"，谁来？好，有请我们的小勇士一号。

生4：驻军、军队、军营。

师：很好，请记笔记，继续。

生5：第一个"之"是"到"，第二个"之"是"的"，最后一个不知道。

师：没关系，最后一个"之"是有点难度，谁知道呢？

生6：没有意义。

师：是的，助词"无义"，请动笔，最后一组。

生7：派遣，使臣。

师：没错，第一个是动词，第二个是名词。同学们可以将一词多义做成字词卡片积累起来，就是丰富的文言学习资料了。现在进入高阶挑战，来看示例，"以备胡：防备"我们可以用成语"攻其不备"印证字义。请大家开始思索，用你知道的某一个成语来印证下面字的意思。

生8：闻鸡起舞。

生9：不闻不问。

生10：充耳不闻。

师：看得出咱们班同学的成语积累很不错，继续。

生11：按兵不动。

生12：按捺不住。

师：最后一个"徐"，谁来试试？

生13：徐徐图之。

生14：不疾不徐。

师：对了，成语印证，这是一种非常有趣的学习方法，同学们在以后学习的过程中都可以使用。

设计意图：《义务教育之课程标准（2022年版）》要求，阅读浅显的文言文能借助注释和工具书理解基本内容，注重积累、感悟和运用。因此，在课前布置了预习作业，通过几阶挑战进行检测、巩固，并传授制作字词卡片、成语印证等文言文积累的好方法。

（二）教学铺垫

师：同学们都预习得很好，我们正式开始今天的学习，先来积累一组与课文有关的知识卡片。一起来读。

（生读知识卡片1）

师：请在阅读提示中圈画"第一部纪传体通史""传记文学"。

（生读知识卡片2）

师：请在注释①中圈画"西汉历史学家"。

（生读知识卡片3）

师："世家"主要记诸侯之事，补充在注释①旁。

（生读知识卡片4）

师：请同学们动笔积累这两个典故。

（生读知识卡片5）

设计意图：文言文知识卡片的设置可以帮助学生多角度、多方面积累文言知识，了解写作背景，丰富文化积淀。如朱自清所言"经典训练的价值不在实用，而在文化。"

（三）课堂活动

活动一：巧说奇事

师：周亚夫本应行跪拜礼，却只是作揖，皇帝没生气，反而"改容式车"，究竟发生了什么呢？请同学们再次阅读课文，用一句话概说故事的主要内容。从以下的角度任选其一进行概说，注意叙事人称。

（生默读课文）

师：好，先同桌之间互相说一说。

（生互相概说）

师：我们现在来交流。发言时请注意告诉大家你所选的角度。

生15：我选的是从司马迁的角度。匈奴大举入侵边境，汉文帝去慰劳军队，发现周亚夫的细柳军戒备森严，不像霸上和棘门的军队，只知道送迎。虽然几次进营被为难，还不向皇帝跪拜，但是皇帝对周亚夫夸赞有加。

师：从司马迁的角度概说是采用全知全能的视角，这位同学概说得很准确，如果能再精简些会更好，再来试试。

生15：汉文帝去慰劳军队，周亚夫的细柳军军纪严明，与霸上和棘门的军队形成了对比，汉文帝对周亚夫夸赞有加。

师：有进步。

生16：我选的是汉文帝的角度。我去慰劳军队，细柳军营戒备森严，几次为难我不让进，但我觉得他是真将军，可以守住我的疆土。

师：紧扣了汉文帝说的"真将军"去概说，你概说得真好。有从周亚夫角度概说的吗？

生17：我选的是周亚夫的角度，皇上来慰劳我们，因为马上就要打仗，所以我不想因为皇帝慰问影响军纪，所以没有出门迎接，见到皇帝也没有跪拜，他还向我致敬。

师："我"的种种做法可以概括为"提出要求"。

设计意图：从多角度概说故事，是全方位感知课文的有效方法。打破单一的概说，可以让学生理解叙事视角的概念，有意识地使用不同的视角。

活动二：赏读奇人

师：这果真是件奇事。奇事里少不了奇人，我们一起读读。老师尝试着给这段话变了个形，大家看看我变形的合适吗？

生18：我觉得挺合适的，先是进"壁门"前皇帝受阻，然后是进入之后要慢走，最后是到达军营周亚夫面圣。

生19：我也觉得场景发生变化，"军门都尉""壁门士吏""周亚夫"几个人物接连登场。

师：你们的观察很细致，时间推移，地点转换，角色出场，推动故事情节的发展，层次分明。我们来试着读出层次，第一大组读"细柳军外"，第二大组读"细柳军壁门"，第三大组读"细柳军"。

师：你们看，周亚夫治军严明，入军营可不易呀。我们再来读出语气。文中有多处语言描写，我们不妨根据内容，联系语境，合理想象，任选一处，补写对应的神态、动作。我们来看一个示例：先驱（横着脸，斜眼指着军门都尉，大声）曰："天子且至！"

（学生动笔补写）

师：小组内交流。

（生组内交流）

师：我们现在来分享。

生20：我选的是最后一句"使人称谢"。天子连连点头，很是愉快地派遣人去夸奖周亚夫说："皇帝敬劳将军。"

师：她抓住了天子对将军的赞赏，添加了点头的动作，很好。

生21：我选的是"军门都尉曰"。军门都尉在门口站得笔直，直视前方说："将军令曰'军中闻将军令，不闻天子之诏'。"

师：你的补写很有画面感，谢谢。

生22：我选的是"壁门士吏谓从属车骑曰"。壁门士吏严肃地对从属车骑曰："将军约，军中不得驱驰。"

师：可以再加点动作吗？

生22：壁门士吏严肃地拦住从属车骑曰："将军约，军中不得驱驰。"

师：一个"拦"能突出他们坚守原则，不错。有同学补写周亚夫说话的那句吗？

生23：将军周亚夫紧紧握着兵器，目光坚定，面对天子面不改色，只是拱手作揖曰："介胄之士不拜，请以军礼见。"

生24：将军周亚夫时刻聆听着外面的动静，看见天子进来，依然攘着兵器，扶了扶铠甲，作了下揖，坚决又不失礼貌地说："介胄之士不拜，请以军礼见。"

师：好一个"介胄之士不拜"的真将军。同学们补写得很精彩，突出了不同人物的性格，我们一起再来读原文，读出语气。

设计意图："好文不厌百回读，精段亦应反复吟。"设计变形文段、补写对话，帮助学生理解人物形象，感受奇人的魅力。

活动三：品析奇文

师：奇事、奇人，我们再来看看奇文。请同学们细读文章，赏析《周亚夫军细柳》的表达之奇，可以从用词、句式、手法、章法等角度进行赏析，动笔批注。这是老师的示例，供大家参考。我觉得奇在开头结尾。开头开门见山，引出三个将军和分别驻守的军营，用文帝对比三人做结，一起一结，推动故事情节的发展，对比手法贯穿全文。

（生批注赏析）

师：我们一起来听听大家的发现，注意要用"奇在……"的句式。

生25：奇在对比手法。霸上、棘门军和细柳军形成了鲜明的对比，前两个军队军纪散漫，最后一个严阵以待。

师：他关注到这篇文章刻画人物的重要手法对比，有情势、性格、结果的多处对比，请记笔记。

生26：奇在情节曲折。皇帝慰劳周亚夫的军队没有一帆风顺，遇到了很多障碍，让故事很好看。

师："一波三折"可以增强故事的可读性，引人入胜，你的发现很棒。

生27：奇在衬托手法。用军门都尉、壁门士吏来衬托周亚夫的治军有方。

师：这就是正衬的妙用，还有汉文帝，这个"真皇帝"。有同学关注到了句式的变化吗？

生28：我觉得奇在句式长短变化，像"锐兵刃，彀弓弩，持满"写出了紧张的备战状态，一看就是训练有素，很有气势。

师：你的分享很精彩，这几个动词从强度、力度、气度写出了细柳军的不可侵犯，真是奇文！

我们来小结一下这篇文章的表达之奇，请记笔记。

（PPT显示）

师：这样的奇文只是《史记·绛侯周勃世家》中的一段节选，而作者太史公司马迁喜欢在文章的结尾处评论，我们不妨参考助读资料，结合文本，尝试给这个奇文续写结尾，可抒情、可议论、可文言、可白话。老师先来抛砖引玉：亚夫实乃真将军也。以家国为先，以军法为上。幸遇汉文帝，有道真君也。然刚者易折，恭顺不足，宦海浮沉，可载天子之怒乎？噫！君心难测甚矣。

（学生动笔）

师：小组内分享，推荐代表来分享。

生29：老蔡曰：周亚夫是个真汉子，心有家国，面对天子敢不迎，敢不跪。佩服佩服！

师：看来咱们班这名同学对周亚夫是个大写的"服"字，抒发了赞美敬佩之情。

生30：大王曰：周亚夫这么做实是为了国家，然而驳了皇帝的面子，待天下太平，能活得长久吗？殊不知，触犯天威乃死路一条。

师：你的观点很有预见性。

生31：赖志明曰：汉文帝是个开明的君主，周亚夫是个英明的将军，配合默契，必能换得清明盛世。

师：词语用得很妙！

生32：小李曰：周亚夫换至今日，必是感动中国的人物，进能对外，退能守规，定能实现中国梦！

师：能联系现实，有时代性。周亚夫的故事还未完，他究竟是何结局，欲知后事如何，请阅读《史记·绛侯周勃世家》。《史记》中还有许多各具特点的历史人物，同学们不妨细读一二，感受司马迁高超的写人艺术，多奇人，皆奇文。

设计意图：张志公曾主张"教师要带着学生从文章中走个来回"，既要走进文本，又要走出文本。品析文章表达之奇之后，动笔续写结尾，是对文章的深度挖掘，有助于提升学生的思维力和创造力。

【教学反思】

课虽结，思考却从未停止

在"弱语境"的文言文教学中，如何唤醒学生对文言的热爱；如何在"弱语境"的文言文教学中让学生真正感悟其历久而弥新、寓风骨而长存的魅力，教师责任重大。我想从以下几个维度来反思我的课堂。

（一）以教材为依托

一节课如何确立教学目标？我关注到这篇课文是一篇教读文言文，故事生动，人物形象鲜明，手法丰富。基于新课程标准和语文的核心素养，鉴于人的言语成长需要言语形式感与言语思想的双重成长，我将本课的教学目标设置为：①感知文章的主要内容，能够从不同角度概说故事；②变形文段，补写对话，感受文中的人物形象；③品析文中表达之奇，续写结尾，把握作者高超的写人艺术。比如本节课品析环节就是美育的渗透，感受美好的文字，还让学生进行"随文写作"，加深对文本的理解。从课堂最后的呈现看，目标基本达成。但是因为时间的关系，学生在最后续写结尾的过程中对文本的思想挖掘还不够深入，对于学生思辨能力的培养还需关注。

（二）以学生为核心

顾明远先生曾言："教书育人在细微处，学生成长在活动中。"学习是活动，课堂上的学习活动是吸引和促使学生进入学习场的重要手段，有序的教学环节设计则是提升学生学习思维的阶梯。所以在本节课中我设置了有梯度的学生活动，如有层次的朗读训练：读出层次、读出语气；有深度的品析训练：表达之奇；有抓手的写作训练：补写对话、续写结尾，给予学生充分的自主阅读批注时间。但是因为对文言的陌生感，学生在续写结尾时思考能力不够，老师可以活动设计得再简明些，促进学生学习的深度发生。

（三）以教师为支援

学生是知识意义的主动建构者，是建构的主体，而教师是意义建构的帮助者、促进者，是教学活动中的支援，是学生构建知识的脚手架。因此在本节课的学生活动中，我及时给学生以支架。比如，每个活动都给出要求，品析表达之奇时提供示例，降低学习难度，让学生有范可依。在续写结尾时补充助读资料，帮助学生理解。在师生对话中巧妙点拨、恰当追问、适时鼓励、及时纠错。但是，支架的形式可以更灵活，除了提供示例外，还可以寻求更好的方式。

"我们已经走了太远，而忘了当初为何要出发"，让学生学有所得是我永远的信念，我还在路上，一直在思考。

（深圳市龙华区教科院附属实验学校　王卓妍）

《飞向太空港》教学设计

【教学目标】

（1）初步了解报告文学标题、开头的特点。

（2）通过了解情节、人物激发学生阅读兴趣。

（3）学会赏析排比句，运用排比句写一小段推荐词。

【教学重难点】

重点：通过了解情节、人物，激发学生阅读兴趣。

难点：学会赏析排比句，运用排比句写一小段推荐词。

【教学过程】

（一）从开篇窥全貌

（1）初读标题，有什么疑问？

（2）请大家快速浏览第一、二小节，猜测这本书讲述了一个什么故事？

（二）跌宕起伏的情节

请跳读《护送升降平台》。

跳读提示：

（1）西昌机场没有美国需要的大型升降平台，怎么办？

（2）大型升降平台运输过程中遇到了哪些困难？是如何一一解决的？

微型写作1：自选其中的一两处困难，撷取文中语句，写出解决困难的过程。

（三）让人难忘的人物

这里除了有扣人心弦的情节，还有哪些人物特别打动你？

微型写作2：在刚才读过的文字中选取瞬间感动你的一个人物，为他（她）写几句点评。

（四）丰富多彩的写法

1. 小结之前学生的发言

写作手法：衬托、对比。

描写方法：正面描写、侧面描写；动作描写、语言描写、心理描写。

2. 谈自己读此书的感受

当读到美国人对中国代表团傲慢轻视的态度时，我十分愤怒；当读到中国日益强大时，我非常自豪；当读到所有中国人团结一致、齐心协力地完成卫星发射时，我万分感动。

微型写作3：请从情节、人物、语言、感情等角度，为《飞向太空港》写一小段推荐词。时间为3分钟。

【教学实录】

（一）从开篇窥全貌

师：这节课老师将和大家一起来读一本书，这本书是——

生（齐）：《飞向太空港》。

师：初读标题，脑海里面会出现什么疑问呢？

生：怎样飞向太空港？

生：是什么飞向太空港呢？

生：太空港是什么样的？

生：为什么要飞向太空港？

师：同学们根据直觉，分别从四个角度提出了四个问题，这代表了读者们的普遍疑惑。在解开大家的疑惑之前，我们先来了解一下这本书的体裁。

PPT显示：

《飞向太空港》是一部优秀的报告文学作品。报告文学比较重视标题，力争产生一种吸引力和震撼力。

师：同学们，你认为《飞向太空港》的标题是否产生了一种吸引力和震撼力?

生(点头):已经吸引我们了。

师:是啊,标题让同学们脑海中瞬间产生许多疑问,那么它有震撼力吗?

生(摇头):没有。

师:看来,"太空港"一词还欠缺震撼力。大家的疑问很多,那么我们一起来读开头部分,看看是否能解开迷惑。

(PPT显示,生读书)

师:请大家快速浏览第一、二小节,猜测这本书讲述了一个什么故事?

生:发射卫星的故事。

师:对,还可以更完整地概述。主语是什么?发射什么卫星?

生:西昌卫星发射中心为美国发射"亚洲一号"卫星。

师:概述得已经很准确了。老师教大家一个读书的方法:报告文学会在开头以生动鲜明的形象及场面或触目惊心的议论,简明扼要地把主题提示给读者,会在开头揭示这个故事的高潮和结局,所以从开篇可略知全文内容。请问,这次卫星发射是否成功?

生(齐):成功了。

师:从哪里判断卫星发射的结果?

(生翻书)

生:第5页:我做梦也不会想到,在这片被上帝遗弃的土地上,日后还会升起什么"亚洲一号"卫星。

生:还有第8页:自1984年1月29日第一颗卫星从这里升起,到1990年3月,已经有六颗卫星从这里飞向太空,其中有五颗都是同步通信卫星,而且发射成功率高达百分之百。

设计意图:此环节紧扣文体特点设计课堂导入。通过报告文学标题鲜明的特点,激发学生阅读兴趣。学生可以畅所欲言说自己的疑问,大胆评价标题,皆来源于教师尊重他们阅读的原初体验。教师引导学生阅读开头段落,再次紧扣报告文学文体特点提出问题,学生不仅了解到整本书的主要内容,而且关注到"跌宕起伏的情节",一石二鸟。

（二）跌宕起伏的情节

师：大家读得很仔细。那么，卫星发射的过程是否一帆风顺？

生（齐）：不顺利。

师：仅在一开篇就写到了什么困难？

生：第11页：一场百年不遇的泥石流突然爆发了！……往日干涸的山沟已变成了一片汪洋。

师：从全文来看，这不过是卫星发射路上所有困难的九牛一毛。请跳读第十四小节《护送升降平台》，看看人们遇到了哪些么困难？是如何一一解决的？

（生读书）

PPT显示：

请跳读第十四小节（77页）《护送升降平台》，看看遇到了哪些困难？又是如何一一解决的？跳读时间为4分钟。

微型写作1：撷取文中语句，自选其中的一处困难，写出解决困难的过程。

师：我们就按时间顺序一个一个地来发现问题和解决问题，哪位同学一马当先？

生：我在第79页找到第一个问题。"升降平台是美方评审西昌机场时一个首要又必须具备的条件。没有它，'亚星'就不能起运。"这一句体现出了升降平台的重要性与必要性。这是后面很多困难的背景，说明即使有再多的困难也一定要把升降平台给找到。第一个困难就是西昌机场没有升降平台，解决方案是在全国范围内进行寻访和调查。

师：分析得很透彻，这个困难最后解决了吗？

生：解决了，在广州有一个。

师：好，解决了一个难题，但是如何运输呢？哪位同学发现了解决第二个困难的方案？

生：果断决策：特批一辆专列送到成都。

师：很准确。请按照事情发展顺序继续一一讲述。

生：但从成都到西昌又遇到了如何运输的难题。最终被迫决定采用汽车运输。

生：但能运载如此庞然大物的汽车哪里才有？找，全国找！总算发现目标了。

师：真是一波未平，一波又起。还有困难吗？

生：还有天气因素。正值隆冬季节，天寒地冻，霜雪遍野，途中若有任何一点闪失，必将车毁人亡。

生：另外，路上危险重重。一路山势险峻，坡陡路窄，全是蛇形公路。

师：对，但运输队还是在一个风雪弥漫的夜晚，缓缓出发了。除了天气、路途的因素，为了保证车队畅通无阻，尽量减少不利因素，公安和交警做了许多努力，比如？

生：所有南来北往的各种大小车辆一律禁止超车、会车。而且，沿途的筑路队和抢险队时刻待命，一旦遇上险情，立即实施抢修，抢修一段，车队前进一段。

生：还有，当地政府下令不让赶场，非常担心老百姓不愿意。但老百姓说："没关系，只要你们能把卫星打上天，别说不让赶场，就是不让过年也行！"

生：最后，被葫芦崖挡住了去路，决定炸山！

师：当历经坎坷和风险的升降平台稳稳当当地停放在机场时护送升降平台的车队全体成员才长长地舒了一口气，而后一屁股坐在地上，连说话的力气都没有了。唐僧四人取经要遭受九九八十一难，发射卫星更甚于此！读者的心一次次被悬着，被精彩的情节吸引，欲罢不能！

设计意图：本环节作为本节课的第一个写作任务，要求学生提取文中相关语句完成写作，既培养了学生筛选信息能力，又大大降低了写作难度，减轻了学生写作的畏难情绪，为接下来的练笔蓄势。

（三）让人难忘的人物

师：阅读这一节时，除了扣人心弦的情节外，还有没有哪个人物特别打动你？在82页，当我读到那个白发苍苍的老太太时，不禁热泪盈眶。（师朗读）

PPT显示：

一个白发苍苍的老太太，这天听说车队要路过场镇，一大早就煮了一篮子本要去赶场卖掉的鸡蛋，然后背着小孙女守在路旁。当车队来到时，她用一双长满冻疮的手，把一个个的热鸡蛋硬是塞到车队每个人的手上。

师：有没有同学被这位老太太感动？

生：我从"长满冻疮的手"可以看出，这位老太太生活很贫寒艰辛，说不定是空巢老人，因为她背着小孙女。

师：你的猜测有理有据。她并不知道车队是什么时候经过，所以一直"背着小孙女守在路旁"，足见她的诚心。这篮子鸡蛋原本要卖掉换成生活必需品，但她硬是把鸡蛋塞给车队每个人。强烈的对比中，我看到了一个虽然家境贫困、家务缠身，但依然心系祖国、乐于奉献的老太太。

PPT显示：

微型写作2：以如下格式写一段话，对象可以是一个人或一个群体。

在"＿＿＿＿＿＿＿＿"这段话中，我看到了一个＿＿＿＿＿＿的人（或群体）。

写作时间为4分钟。

师：在刚才读过的文字中，选取瞬间感动你的一个人或群体，为他（她）们写几句点评。

生：在13、14页：站在发射场上，当你望着那威武雄壮、高耸云端的"通天塔"……于是，大伙把"协作楼"戏称为"水帘洞"。在这些文字中，我看到了一个团结友爱、热爱祖国、乐于奉献、乐观向上的官兵团队。

师：是的，基地发射官兵把原来住的房子倒腾出来，让外来的专家技术人员住进去，体现了团结友爱和乐于奉献的精神。"戏称"一词可以读出调侃的味道，表现了官兵们还有乐观向上、苦中作乐的一面。

生：我要为大拖车司机徐土龙写一段话。在81页，我看到了一个英勇无畏的人。

师：你是从哪些文字看出来，他是一个英勇无畏的司机的？

生：他运输升降平台是十分危险的。文中交代同他一起出来执行任务的一辆公租车不幸翻车，还有他带的三条防滑铁链也在途中全部折断，还有他亲眼看到一辆汽车跌下悬崖！

师：这些话都暗示了在运输的过程中——

生：危险重重，因为别人的结局也可能是他的结局。但是为了祖国的利益，尽管如此危险，他还是十分勇敢地将这个升降平台送到了终点，从这一点就可以看出他为祖国奋不顾身、舍生忘死。

师：对，困难重重更衬托出这位司机的英勇无畏、沉着冷静。你分析得很好，不仅赏析了人物，还分析了写作手法。请继续。

生：请看开头部分。"'能，肯定能。'我忙蹲下去，双手捧起小女孩的脸，在她的额头轻轻留下一吻。"在这里，我看到了一个善良体贴、善解人意又充满自信的形象。

师：想不到你赞美的是作者。能分析一下吗？

生：首先，"能，肯定能。"这两次重复，表现他说这句话时，内心很坚定，对卫星发射是充满信心的，这是他的自信。他这一句话是对小女孩说的，是他对小女孩的一种许诺与安慰。"忙蹲下去"中的"忙"表现了他对小女孩向往要看卫星发射场面的心情非常重视。通过"蹲"这个动词，说明他与小女孩处于同一高度，他理解小女孩，不让小女孩有压迫感。"捧起小女孩的脸""轻轻留下一吻"这两个动作反映了他的轻柔和处处对小女孩的关爱。这样的作者是一个很善良体贴、善解人意的形象，而作者很明显参与了这个发射卫星活动，反映出发射卫星活动的这些人员都是经过严格选拔的。

师：好，你的回答有很大的信息量。通过动作描写，反映人物的内心世界；通过作者是一个善解人意、善良体贴的形象，侧面表现出整个团队都是这样的高素质人才。这位同学分析的角度非常新颖，我从来没有想过他会为作者写一个评价。还有吗？你来说。

生：第82页的那个老大爷。那个老大爷，他曾经护送过红军，后面也有写他活了82岁，证明了他的年龄很大，而他在这个寒冷的天气中，早早地蹲在路口，更表现出他对护送队的期盼。他这么老了，捧着一瓦罐茶水，他一个人，搬过来的途中必定非常艰辛，但是因为护送队是他心中的期望，所以他不畏那么多的困难，自己一个人辛辛苦苦搬来那么多水，发给护送队。还有写他的唠叨，足以表现他对护送队的关心。他说"不让过年也行"，可见他对为了这个护送队不让赶场的规定不以为意，以及他舍小我成就大我的精神。

师：你的发言很精彩。你读的时候就在"捧着""蹲在路口"这两处动词上加重了读音，"捧着"表现了这位老大爷对他带来的茶水很重视，"蹲"表现了他等待了许久，但是他始终没有把他的茶水放在地上，而是"捧着"。无论是动作描写还是语言描写，都表现了这些西昌老百姓们的爱国情怀。他们的日子虽然贫困，可当国家需要时，捧出的总是一颗热乎乎的心啊。

设计意图：此环节通过教师示范写"老太太"的介绍，搭建写作支架，化解写作困难。教师像一个带路的向导，引着学生沿着这条路走下去，学生的收获发生在积极地阅读和思考中。此环节学生的课堂生成得非常精彩。

（四）丰富多彩的写法

师：刚才同学讲述感动自己的人物时也分析了文章的语言。从大家的发言中，我小结了以下写作手法和描写方法。

（板书：衬托、对比；正面描写、侧面描写、动作描写、语言描写、心理描写）

（在学生的发言过程中，教师适时记录，亲身示范，引导学生在倾听中做笔记）

（五）写推荐词

师：想必大家此时此刻也有抒情一番的欲望，请为《飞向太空港》写一小段推荐词。同学们，艰难又有趣的写作开始了。

PPT显示：

微型写作3：请你从情节、人物、语言、感情等角度，为《飞向太空港》写一小段推荐词。时间为3分钟。

生：这是一代人不懈的努力，这是一国人团结的见证，这是一个催人泪下的故事，这就是《飞向太空港》。

师：好，你的推荐词运用了排比的修辞方法写得气势磅礴。

生：你见过贫苦的老百姓给国家奉献他们的一切吗？你见过一支护送队的齐心协力吗？你知道许多人在"山重水复疑无路"的绝境下是如何急中生智的吗？《飞向太空港》——这本全面的书，你看了一定会热泪盈眶，为我们祖国而骄傲感动。

师：好，很成功的推荐语，三个反问句形成排比，产生了很强烈的吸引力和震撼力。还有吗？

生："长征三号"的发射，是许多华侨同胞的精神寄托；"长征三号"的发射，是所有工作人员克服重重困难后的胜利；"长征三号"的发射，是我们中华民族的骄傲！

师：气势磅礴，如果最后点题就更妙了！例如，《飞向太空港》将为您讲述"长征三号"的故事。

生：在《飞向太空港》里，有热心肠的老奶奶，有横渡太平洋的华人，有正值青春年华的科研者们，有几岁的小姑娘不远千里来到发射场，他们都是心系祖国、在祖国有危难时捧出一颗心的人们，这本书读来让人回味无穷。

师：你运用排比句式，条理清晰地列举了这一组人物，稍微调整一下句式，"有几岁的小姑娘不远千里来到发射场，"改为"有不远千里来到发射场的五岁小姑娘"，就更整齐了。

生：一个个惊险的难关，被爱国先行者逐个铲除；一个个璀璨的光辉成就，照耀着全中国的心灵；一个个感人的故事，谱写了为国奉献的华美诗章。从复兴的梦想到震撼的成功，中国人民付出了心血和生命，精神永垂不朽。我极力推荐这本《飞向太空港》！

生：终有一天，我们会踏上星辰大海，但那时，希望人们记得，在文明的婴儿时期，有一群人曾艰难地"飞向太空港"，只为触得一角星空。

师：巧妙地把书名运用在推荐词里，妙！

师：老师写的推荐语是：这里有跌宕起伏的情节，有令人感动的人物，有无与伦比的语言，还有感天动地的家国情怀，这本书就是《飞向太空港》。您值得拥有！

为了帮助大家更好地阅读，老师做了一个阅读进程规划，大家可以参照老师的阅读时间计划以及方法推荐进行《飞向太空港》的阅读。这节课我们就上到这里，下课。

设计意图："现在，你的桌子上有一本新书，如果在书店里遇到这本书，你会愿意买它吗？"这是值得所有导读课的教师思考的问题。如果能通过一节课，给原本不想买书的同学一个买书的理由，那这节课就应该是成功的。此环节学生用心动情地撰写推荐词，通过该活动引导学生再一次走进文本，发现这本书的亮点所在。

【教学反思】

紧扣文体，以读促写

名著导读导什么？兴趣和方法显然是最重要的。我围绕"紧扣文体，以读促写"这一中心，精心设计教学环节，在学生学有所得的基础上激发学生对《飞向太空港》的阅读兴趣。

（一）紧扣文本特点来导入

《飞向太空港》是一部优秀的报告文学作品，也是初中生第一次接触报告文学。学生的心情是激动、好奇的，但也十分懵懂，缺乏对报告文学这一文体特征的认识。因此，这节导读课的第一个环节，我紧紧结合"报告文学"的基本特征进行导入，通过两次猜读，让学生不仅初步了解报告文学标题和开头鲜明的特点，还激发了学生对本书的阅读兴趣，使学生开始关注那些跌宕起伏的故事情节。

（二）跳读名著，初次写作

在短短的一节课中，跳读是名著导读课常常采用的一种阅读方法。之所以选择第十四小节《护送升降平台》作为跳读的章节，是因为这一章情节紧凑，人物形象鲜明。本环节作为第一个写作任务，只要求学生撷取文中的语句完成写作，写作难度较小，这就减轻了学生的畏难情绪，为接下来步步加深的写作任务做铺垫。

（三）赏析人物，再次写作

学生在阅读了开头部分和第十四小节《护送升降平台》后，除了了解了扣人心弦的故事情节外，他们还对书中精彩的人物形象有所感悟。因此，我直接谈自己的阅读感受，通过示范写"老太太"的介绍，搭建写作支架，为学生的第二次写作化解困难。教师像一个带路的向导，引着学生沿着这条路走下去，学生的收获不可预见，而是发生在积极地阅读和思考中。此环节学生的课堂生成得非常精彩，也深深地打动了我。

（四）写推荐词，完美结束

作为导读课的高潮环节竟是让学生为本书撰写推荐词？是的，我认为，这一环节既是对整节课的回顾与总结，也是学生对自己阅读感受的再次升华。学生用心动情地撰写如此精妙的推荐词，还担心他们日后会不读这本书吗？学生在撰写推荐词的时候热情高涨，佳句迭出，导读课的效果已经达到。

这节课没有告知学生一个完整的故事情节就结束了。但导读课就应该营造"犹抱琵琶半遮面"的效果，让学生憋足了一股劲，迫不及待地想读完这本名著。学生对人物、情节和写作手法的理解都会在日后的阅读过程中渐渐丰富，并拥有自己的个性理解。

（深圳市民治中学教育集团初中部　姚静）

参 考 文 献

［1］王荣生.语文科课程论基础（2014版）［M］.北京：教育科学出版社，2014.

［2］叶圣陶.叶圣陶语文教育论集［M］.北京：教育科学出版社，2015.

［3］邓彤.微型化写作教学研究［M］.上海：上海教育出版社，2018.

［4］叶黎明.写作教学内容新论［M］.上海：上海教育出版社，2012.

［5］余映潮.余映潮中学语文精品阅读课教学实录［M］.北京：中国轻工业出版社，2016.

［6］韩雪屏.语文教育的心理学原理［M］.上海：上海教育出版社，2001.

［7］潘新和.语文：表现与存在［M］.福建：福建人民出版社，2017.

［8］张秋玲，王彤彦，张萍萍.新版课程标准解析与教学指导：初中语文［M］.北京：北京师范大学出版社，2012.

［9］中华人民共和国教育部.义务教育语文课程标准（2022年版）［M］.北京：北京师范大学出版社，2022.

［10］朱建军.国外读写结合研究的历程与发展［J］.江苏教育，2013（45）：13–15.